0-5 orphelina
6-11 vie adulte

W0310521

Elephant Island

DU MÊME AUTEUR

ROMANS

Le Mystère Curtius, éd. Luc Pire, 2013
Les Sept Meurtrières du visage, éd. Luce Wilquin, 2013
Les aigles ne tuent pas les mouches, éd. Thierry. Magnier, 2011
Tout le monde me manque, éd. Luce Wilquin, 2008
La Petite École Ste rouge, éd. Luce Wilquin, 2007
Comme sur des roulettes, Averbode, 2007
Monsieur l'ours, éd. Luce Wilquin, 2006
Clandestins, Mijade « Zone J », 2006
If, éd. Luce Wilquin, 2005
Les écrivains n'existent pas, éd. Luce Wilquin, 2005
Le Marchand de parapluies, éd. Luce Wilquin, 2004
L'Eau claire de la lune, éd. Luce Wilquin, 2003
De la terre et du vent, éd. Luce Wilquin, 2002
La Cage aux cris, prix Pages-d'Or, éd. Luce Wilquin, 2001

POÉSIE

La colère est une saison, éd. Tétras Lyre, 2015
Tango du nord de l'âme suivi de 30 vilains petits poèmes, prix Delaby-Mourmaux 2014, éd. MEO, 2012
La Timidité du monde, éd. Maelström, 2012
Anthologie de la poésie francophone de Belgique, Yves Namur, éd. Le Taillis Pré, 2010
Sous le silence de Ramsgate, éd. Yellow Now, 2009

LIVRES POUR LA JEUNESSE

Jacques Brel, vivre à mille temps, éd. À dos d'âne, 2012
Charlie Chaplin, l'enchanteur du cinéma comique, éd. À dos d'âne, 2011
Mon ami Paco, éd. Territoires de la Mémoire, 2011

Luc
Baba

Elephant Island

ROMAN

Belfond

© Belfond, 2016

Belfond | un département **place des éditeurs**

place
des
éditeurs

C'était une nuit de janvier 1917. J'avais presque sept ans et je voulais monter sur le bateau de Jules, un fou qui promettait de vaincre les Allemands tout seul à coups de bottines. Ma grande sœur disait non, Louis, il faut rentrer, il est tard et j'ai froid, mais je restais là couché contre elle sur la berge, les yeux perdus dans l'air mouillé où passaient de longues silhouettes. Je ne me souviens pas du froid, seulement de la bruine et de mon envie de voyager. Je voulais un bateau, et celui-là se préparait à descendre le fleuve, tant pis s'il était noir.

— Hé, les gosses, vous allez nous faire prendre, il faut pas rester là, rentrez chez vous.

Je ne répondis pas, et le grand gars qui nous avait découverts rejoignit les hommes qui embarquaient encore. Parmi eux mon oncle Gustave, casquette et ventre rond, mains dans les poches. C'est lui qui m'avait confié le secret du départ. Je vais leur montrer que j'en ai sous la culotte, il m'avait dit. On ne prétendra plus que je suis un grand couillon buveur de goutte !

— Si vous voyez mon père dans les batailles, faudra lui dire de m'envoyer une lettre.

Il avait promis de le ramener vivant.

La Meuse en crue roulait large et pleine mais le remorqueur ne bougeait pas, lourd des tôles qui le blindaient, le gouvernail protégé par des couvercles de caisses à charbon, il pesait sur l'eau. Les gars s'entassaient dans les cales pour rejoindre les Pays-Bas et de là les champs de bataille. Je me moquais bien de partir au combat, j'étais l'enfant explorateur convaincu de pouvoir dompter les tempêtes, ce que j'aurais fait sans cette guerre, je le sais. Un rêve d'enfant ça n'existe pas, les enfants savent ce qu'ils veulent, c'est tout. Ils savent ce qu'ils sont.

Moteurs éteints, l'*Atlas V* se détacha de la rive, et je le regardai glisser dans le gros silence de la nuit, avec sa haute cheminée noire pointée vers le ciel, ornée d'un trèfle blanc à quatre feuilles.

— J'ai froid, Louis. J'ai vraiment froid.

Je demandai à ma sœur d'attendre encore, même si je comprenais l'ordre des choses, car tous les enfants du monde savent aussi qu'ils ne s'en iront pas, qu'il faut rentrer quand la nuit est froide. On quitta les bords de la Meuse et je dis à Rose que je ne l'aimais plus. Parce qu'elle grelottait je me démentis, je détestais uniquement les bateaux qui s'en iraient sans moi, alors elle me prit par la main pour qu'on marche plus vite.

De retour à la maison, on regagna la chambre sur la pointe des pieds, mais Hélène, notre sœur aînée, montait la garde.

— Où vous étiez ?

Je me couchai sans bruit, quatre secondes plus tard Rose et moi faisions semblant de dormir.

— Où vous étiez ? insista Hélène.

Mal éveillé, le petit Paul s'installa sur la couche pour répéter la question et Rose le recloua d'une gifle.

— Mêlez-vous de vos patates !

Je rigolai mais reçus un coup de la grande sœur sur le menton. Au même instant la porte s'ouvrit.

— Man, je criai, Hélène elle allume la lampe et on peut pas !

— C'est vrai, reprit Rose. On peut pas ! Et en plus elle a frappé Louis.

Je n'ajoutai rien, mes sœurs non plus. Aucun reproche sur le visage de notre mère, aucune colère, elle nous regardait sans nous voir, en pensant peut-être à son ordre des choses à elle. L'*Atlas V* me manquait, je fermai les yeux pour le voir, suivre son avancée sur le fleuve en priant pour qu'il n'arrive rien à Gustave, qu'il revienne un jour me raconter l'aventure et me rendre mon père, puis nous monterions ensemble à bord et le fleuve serait infini.

Je dormis peu, réveillé toutes les heures par des rêves de barques au fond crevé. Le lendemain je me levai sans joie et ma mère nous aligna dans la cuisine pour nous supplier d'être plus sages.

— C'est à cause des Boches !

— Non, Louis, on ne fait pas de bêtises à cause des autres. Si les sentinelles de l'écluse vous avaient repérés, qu'est-ce qu'ils auraient fait de vous ?

— Des petits morts ? demanda Rose.

— Peut-être pas, je répondis.

— Louis, tu n'auras pas toujours la chance que tu as eue chez Angèle.

Angèle, c'était notre voisine, une tante on ne peut plus lointaine, une femme disgracieuse aux chairs blettes, au visage rond comme un cadran d'horloge, et qui mourra sans avoir souri ni pleuré.

— De la chance, mon œil ! Ils voulaient me trouer la peau, les cavaliers !

— Ils voulaient t'intimider.

— Avec leur fusil sur mon front ? Presque à ça ?

La veille, ma mère et trois dames du quartier avaient marché de Liège à Herve pour acheter des fromages. Elles s'étaient usé les pieds sur les semelles de bois et les deux cavaliers allemands qui occupaient la maison d'Angèle avaient confisqué le Herve pour en dîner avec notre pain. Afin de venger les pieds rougis de ma mère, j'avais tartiné de ce fromage qui pue l'intérieur de leur casque, et les Allemands m'avaient obligé à nettoyer pendant qu'ils me tenaient en joue et riaient de mes grimaces.

— Tu sais qu'ils auraient pu nous tuer tous.

— Moi j'en tuerai que je vais leur démonter la tête ! je criai. C'est promis que j'en tuerai !

— Louis, c'est la plus laide chose du monde. Et qu'on ne me parle plus du bateau de Jules !

On n'en parla plus ce jour-là, on ne parla plus de la guerre, et ma mère continua de penser que je voulais partir à cause des autres. Partout en ville on devisait de banalités, on faisait comme si, les Liégeois demeuraient dans leur chambre même quand les bombes faisaient fleurir des feux dans la ville.

Au milieu du matin suivant, des poings battirent la porte et je reconnus la voix de Félix, un ami de Gustave, un copain de bouteille.

— Oh, la Joséphine !

— Elle est pas là ! répondit Rose. Elle est partie demander du travail !

— Ouvre, j'ai des nouvelles !

Il se mit à table avec une flasque, les yeux rouges, et je revois ce corps tordu, les mains de vieux bois noueux, les buissons de poil noir jaillissant des oreilles et des narines. Je me revois étonné que la joie s'attarde en lui et donne des larmes. Rose me regarda et couvrit sa bouche d'un mouchoir. Les vêtements moisis de cet ivrogne sentaient si mauvais que l'on joignit les mains en priant pour que les nouvelles fussent brèves.

— Ils ont réussi ! Jules et son bateau de fer, ils ont passé !

Bon sang je l'aurais serré dans mes bras s'il avait été propre, le Félix. Je bondis comme un pou, mendiai des détails, mais il n'en savait pas plus et se contentait de répéter entre deux lampées d'alcool : « Ils ont passé, ils ont réussi ! »

— Comment ? Raconte ! Et l'oncle Gustave ?

— J'vais au Phare annoncer la nouvelle. Ils ne s'en remettront pas, les Prussiens !

Il se leva pour sortir, se figea sur le seuil, et lança d'une voix vacillante :

— Le *Titanic* a crevé sur un glaçon, et Jules, avec sa coque, il a résisté à l'ennemi ! Tu vois, petit, quand on a un cerveau et du courage, on peut devenir invincible avec des bouts de bois et de la tôle.

Il dévala les rues en toussant et je m'élançai à ses trousses. Je voulais aller au Phare, moi aussi, cette taverne au nom de promesse. Félix courait trop vite, je le perdis des yeux et me contentai de retrouver les bords du fleuve.

Un fleuve, ça ne raconte rien aux enfants, ça passe comme du temps, on y cherche des poissons énormes, on maudit les pêcheurs. Pourtant je ne vois le début de ma vie nulle part ailleurs que dans l'inutilité de ses berges et de ses vagues indolentes.

Assis dans l'herbe grise, je pensai à ce Jules, dont j'ignorais tout sauf la bravoure. Je l'imaginais massif, avec des mains qui écartent les murs de sa route, et des bottes écrasant les barrières, une voix à faire se terrer le diable, et je dus me promettre de lui ressembler, d'être un héros invincible, ou de revenir le lendemain. Une promesse d'enfant, ça ne pesait rien dans ce grand vacarme ! Je devinais à tel point le reste de ma vie que je me mis à chercher là de quoi fabriquer un petit bateau que l'on range dans une poche. Avec deux bouts de bois et des cordelettes, je fabriquai un avion parce que c'était plus facile à bricoler.

Quand notre mère rentra courbée en répétant que le travail ça n'existait plus, je posai l'avion sur la table pour qu'elle voie que j'avais des projets, puis je lui annonçai la nouvelle.

— On va gagner la guerre, parce que le bateau de Jules il a réussi ! Et moi j'ai fabriqué ça !

Elle parvint à sourire une seconde et me promit de l'accrocher au-dessus de la porte de notre chambre, expliquant que la croix de Jésus nous protégerait. Les avions ressemblent à des croix, les croix à des avions, les bateaux ressemblent à des berceaux. J'ai dû me détourner du ciel ce soir-là, et de la terre les jours suivants. De la plupart des hommes aussi. Je les voyais, autour de moi, parlant de ce qu'ils auraient pu devenir, si les femmes, si la guerre, si un rhume... J'observais leurs pas, leurs mauvaises joues mâchant l'air vide, infiniment déçus. Me détourner, ça ne faisait que reposer mon regard.

Les Allemands ne saluèrent pas la bravoure de Jules. Ils jetèrent en prison son épouse et leur bébé. On vit la *Polizei* hanter les ruelles, et le bateau fut ramené à Liège sous les couleurs de l'ennemi. Quelques missives des passagers nous apprirent qu'après le festin, *La Brabançonne* et les larmes de fête, un tonnelier les avait accueillis avant qu'ils choisissent leur chemin, les uns vers l'Angleterre, d'autres vers la Marne ou Dixmude. Moi, j'attendais que Gustave m'envoie des nouvelles de mon père, mais on apprit par un matelot que Gustave était resté chez le tonnelier et travaillait pour lui.

Mon père nous avait quittés en 1914 pour les campagnes de Visé que les Allemands piétinaient en riant, disait-on, et les rares survivants rampaient sans armes tels des spectres, les yeux noirs de peur dans les champs percés d'obus et cuits par le soleil.

Trois semaines après l'aventure de l'*Atlas V*, un cortège de nos soldats fut poussé jusqu'à la gare par les Allemands. Les épouses couraient à leurs trousses, cherchant des yeux leur homme, appuyées les unes aux autres pour ne pas défaillir. Des wagons à bestiaux emmenèrent nos prisonniers. Mon père leur avait échappé, et la seule lettre qu'il nous envoya parlait des boues de l'Yser, où il croupissait.

J'appris à l'école que le mutin est un lâche qui ne fait pas honneur au drapeau, un voyou que les officiers devraient abattre d'une rafale. Le mutin, c'est le contraire du résistant. J'espérai donc que mon père n'était pas l'un d'entre eux.

— Mais non, Louis, promettait maman. Ton père se bat. Il est avec le roi dans les Flandres et il défend la patrie. Ce que j'espère, moi, c'est qu'il est entouré de gaillards parce qu'il n'a jamais été capable de tenir un couteau à pain sans s'écorcher le bras. Alors une baïonnette !

— Après la guerre je pourrai l'avoir, sa baïonnette ?

Mais je ne reçus la semaine suivante qu'une petite boîte en fer contenant deux éclats de l'obus qui lui avait fendu le crâne, et une page tachée de boue.

On pleura tous, et le regard de ma mère demeura fixé sur la lettre qu'il me destinait parce que j'étais son fils aîné et que je pouvais comprendre. Il citait un grand monsieur de l'Académie s'adressant aux enfants : « Vous êtes notre principale raison de vivre, mais je n'ai jamais si bien compris que c'est pour vous qu'en ce moment on meurt. » Puis il expliquait qu'il n'avait pas ôté ses chaussures depuis cinq semaines et qu'il buvait l'eau croupie des tranchées.

Ma mère nous lut tout cela très lentement. Elle lisait bien, avec du drame, du souffle, elle devenait le soldat, prenait la voix du héros qui agonise dignement pour le bon Dieu, pour le drapeau, et pour les chers enfants du peuple.

— Il en avait dans la culotte, hein, maman ? lui dis-je dès qu'elle eut posé la lettre à côté de la boîte.

— Oui.

— Mais il n'a pas envoyé la baïonnette et il n'était pas invincible.

Elle me punit de pleurer trop peu et parce qu'elle voulait garder la boîte je fis ma première colère d'homme soucieux de ce qui est juste.

Le lendemain, elle fit encadrer une photographie ratée où mon père posait en uniforme avec ses filles, Rose portant une fleur artificielle, Hélène sa collection d'images d'Épinal « J'habille mes soldats », toutes deux mal à l'aise dans leur courte robe à carreaux. Elle mit le cadre sur le buffet, cloua mon avion dans la chambre et devint un peu folle de la voix et du regard, et son souffle commença à sentir l'alcool.

En classe, je cultivais mes rêveries et me moquais de M. Neuville, l'instituteur blessé au combat et revenu sur ses terres d'origine : les pavés en damier de l'école. À l'image de bien du monde, il faisait son boulot comme si la guerre tenait d'un décor de théâtre oublié avec ses figurants.

Un matin il invita chacun à présenter l'objet familier qui lui plaisait le plus. Je pensai amèrement au petit bateau que je n'avais pu bricoler et, cependant que mes camarades montraient leurs images ou leur jeu de l'oie, je déposai sur le bureau du maître la boîte mystérieuse.

Lorsqu'il me demanda ce qu'elle contenait, je claironnai que c'était mon papa, un bout de la tête parce que le reste avait explosé.

Là, c'est ma mère qui fut sermonnée. Elle me punit encore et je m'enfuis dans les rues, la boîte au poing, en criant c'est mon papa ! C'est mon papa qui est revenu ! Sur les seuils, personne ne riait.

Les voisins s'apitoyaient, d'autant que nous maigrissions. L'Œuvre de la soupe ne nous suffisait plus, la famine se répandait avec ses maladies. Je pris l'habitude d'aller m'asseoir sur les rives du fleuve après l'école, pour oublier que j'avais faim. J'y lançais des morceaux de bois que je suivais des yeux et, quand ils s'accrochaient aux cheveux d'un vieux saule pleureur, je pestais à grands cris et lançais des cailloux noirs.

Non, je ne lisais pas mon avenir dans les lignes de la Meuse, et je sais ce que vaut la mémoire d'un homme obligé de raconter son histoire pour en supporter la fin. Les cailloux que je lançais au fleuve n'étaient pas noirs, ils le sont devenus au fil des ans, et peu importe.

Un soir où je rentrai plus tard que d'habitude à cause d'un soleil doux, je trouvai ma mère courbée, les mains croisées contre son ventre, répétant sans me regarder qu'elle ne trouvait plus assez de force en elle pour nous quatre. Au début de l'été, le lendemain de mes sept ans, elle prit sa décision.

Elle sourit et nous promit de meilleurs jours, de meilleures nuits, des lendemains. Vêtus de propre et les cheveux lavés, nous l'écoutions sans bouger. Elle prendrait soin de petit Paul, Hélène quitterait ses cours de coupe et travaillerait aux champs, quant à Rose et moi, pour notre salut, nous serions soustraits à la grande misère et confiés aux bienfaiteurs des Institutions.

Après chaque phrase notre mère soulevait le coin de ses lèvres comme on soulèverait des enclumes et ça lui faisait mal.

— Il faut que vous mangiez, que nous mangions tous. Mais ne vous en faites pas, mes chéris, la guerre ne va plus durer longtemps, alors en route, s'il vous plaît ! Et on ne pleure pas, d'accord, Louis ?

— D'accord, maman.

Je regardai son long corps trop maigre. Elle s'était habillée d'une belle robe de reine veuve, et ses cheveux en chignon plat dégageaient le visage, le regard luttant contre les larmes qu'elle verserait ce soir-là.

— Rose, que feras-tu à Sainte-Barbe ?

— Je chanterai et j'apprendrai mes leçons. Et j'aurai un lit pour moi toute seule. Et le dimanche on mangera de la tarte au riz.

— Et toi, Louis ? Que feras-tu au Vertbois ?

— Je deviendrai grand et j'étudierai un beau métier.

— Bon, en route !

— Non !

Je voulais qu'elle nous parle encore, qu'elle explique comment on allait réussir à ne pas mourir de son absence, pourquoi elle nous avait menti à propos de la plus laide chose du monde, qu'elle nous dise quand on se retrouverait, si on pourrait s'enfuir et combien de bateaux partiraient sans moi, je demandai si je pouvais emporter mon avion, mais elle voulait le garder pour elle. Elle nous fit asseoir et je la vis sur le point de nous confier un secret, pas un petit secret de chambre, non, un secret capable de nous clouer au sol trois nuits entières.

Elle se contenta de nous demander d'être forts, et je n'osai pas lui répondre que je serais invincible.

Chargés de son silence, on descendit vers les quais de la Meuse dont je regardai le lent chemin d'eau grasse en serrant la main de Rose de plus en plus fort. C'est elle que ma mère mit d'abord en dépôt.

— Tu dis au revoir, Louis ?

Elle eut l'élégance de nous laisser pleurer dans les bras l'un de l'autre aussi longtemps que nous le voulions, et Rose, en grande sœur, trouva le courage de me détacher d'elle en chuchotant :

— Au revoir mon petit Louis.

Je me tus et elles franchirent le porche de l'orphelinat. Leurs pas résonnèrent dans le couloir triste qui donnait sur un réfectoire. Bien sûr, je songeai une dernière fois à fuir, mais j'avais déjà les pieds lourds, et c'était mal de s'en aller. Sur le bateau de Jules, non, ce n'était pas mal puisqu'il s'agissait de rejoindre des héros de la Patrie, je n'aurais déçu personne. Et si j'avais perdu la vie on m'aurait couvert de médailles. Mais fuir pour fuir ce n'était pas bien du tout. Alors je restai là et j'essayai de lire les grandes lettres blanches de l'enseigne.

Lorsque ma mère revint, elle tenta de me rassurer.

— Rose sera bien, ici. Viens !

Il nous fallut quelques minutes à peine pour rejoindre l'orphelinat des garçons. J'observai le ballottement des charrettes, écoutai les cris, et j'aimais les chevaux, le bruit du fer sur la pierre, les rues lentement chahutées par le retour des travailleurs. À la sauvette je cueillis les dernières images de la ville et me tournai comme si Rose allait apparaître en courant. Mais la dernière personne que je croisai fut l'allumeur de réverbères, un grand type au pantalon trop court qui sifflotait sur son vélo, l'interminable tige d'allumage accrochée au cadre.

Il m'adressa un clin d'œil, et je lui répondis d'une langue tirée. J'eus le temps de le voir s'éloigner vers le pont avant que se referme la porte austère de l'Institut.

Le directeur se leva. C'était un petit homme qui rêvait d'être grand. Il sourit, étudia l'habit que mes épaules maigres soutenaient mal et finit par m'adresser quelques grimaces de dégoût, alors je me détournai pour suivre des yeux le balancier d'une lourde horloge de chêne.

— Votre nom. Regardez-moi. Votre nom.

— Louis Daubée.

— Levez le menton, Daubée.

— Louis est très gentil, monsieur le directeur. Et très sensible.

— Sans doute. Vacciné ?

— Oui, monsieur le directeur.

Le front creusé par d'inquiétantes réflexions, il rejoignit à pas lents la porte du bureau pour inviter ma mère aux adieux.

— Voyez-vous, monsieur le directeur, mon mari vient de mourir à la guerre, et je n'ai plus de travail. Les Allemands ont démonté les machines à l'usine et…

— Madame, vous livrez votre fils à nos soins, ne vous souciez pas de ce qu'il deviendra. Vous souhaitez éviter qu'il ne sombre dans le vagabondage et la mendicité, c'est tout à votre honneur, dit-il en ouvrant largement la porte. Votre fils n'ira pas renforcer la plèbe infâme qui fournit les prisons et les dépôts de mendiants. Réjouissez-vous !

Lisant de l'effroi dans nos yeux, il eut la bonté de nous faire rasseoir et, après avoir mis de l'ordre dans ses dossiers, il parla d'une voix de petit Dieu triste.

— Le sort a privé votre Louis du soutien paternel, vous le privez de l'amour d'une mère, lança-t-il en tendant le bras pour empêcher ma mère de se défendre. Nous commencerons par le renforcer, car la faiblesse physique est source de souffrance, et vous savez que la souffrance engendre la paresse et l'ivrognerie.

Il se releva, nous en fîmes autant et il bomba le torse.

— Madame, quand votre fils quittera ces murs, il sera devenu lui-même un instrument de moralisation, il répandra autour de lui les principes d'ordre et de travail, et un père là-haut applaudira son cher enfant.

— Je voudrais surtout qu'il mange à sa faim.

— Bien sûr.

Ma mère me quitta comme pour une heure, laissant à mes pieds un sac de toile où je rêvais de me cacher.

— Le moment est donc venu d'oublier le passé, mon jeune ami, et de rejoindre vos camarades. Je vais appeler M. Lepage, il vous montrera votre lit et vous détaillera notre règlement.

Lepage affichait des airs de jeune officier, mais il boitait des deux jambes, et visiblement ça lui faisait mal. À chaque pas il soufflait un bruit de machine. Il me guida jusqu'à mon lit au fond du grand dortoir. Lorsque je disposai dans l'armoire la petite boîte en fer, il s'en empara, l'ouvrit brutalement, et son regard parut se perdre comme si les éclats d'obus racontaient leur histoire.

— C'est mon père, lui dis-je pour qu'il tressaille.

Il balada son nez juste au-dessus, inspirant à petits coups vifs.

— Le parfum de l'héroïsme, soupira-t-il. Êtes-vous fier de lui ?

— Oui, c'était pas un mutin.

— Bravo. Vous êtes un fils de la Patrie. Nous nous entendrons, n'est-ce pas ?

— Oui.

— Oui, monsieur.

— Oui, monsieur.

C'est au réfectoire qu'il me présenta à tous, en héros. Je croisai les yeux d'un grand roux qui me défiait, des faciès indifférents, des visages sans intelligence découvrant des dents jaunies. Lepage me fit asseoir au fond, là où les autres petits attendaient leur tambouille. On mangea en silence une affreuse pâte refroidie. Nous étions quatre par table, de sept à huit ans.

— Le pion, on l'appelle Pigeon, chuchota le plus frêle en prenant garde de n'être ni vu ni entendu.

— Ah bon ?

— Oui, son nom c'est Lepage mais on l'appelle Pigeon. Ici tout le monde porte un surnom sauf si on n'en trouve pas. Moi c'est Joseph, mais j'ai pas de surnom parce que j'aime pas et que Jo, ça existe déjà vu que c'est le grand rouquin qui le porte.

— D'accord, Joseph. Moi c'est Louis. Pourquoi vous l'appelez Pigeon, Pigeon ?

— Il pue la volaille, il a des yeux débiles, et puis il boite comme une poule, et les pigeons ils boitent comme des poules, tu vois ?

— Ouais.

— Fais gaffe à lui, c'est un dangereux. Il cogne dès qu'on le regarde.

Trois coups de bâton sur une chaise vide nous mirent en garde, et j'écoutai le timide concert des fourchettes en priant pour que Rose ne soit pas aussi triste que moi.

Joseph eut l'air d'un petit singe lorsqu'il roula sur les dalles de la cour. Il poussa de brefs cris aigus, se releva sans gémir et redressa la tête, qu'une dernière gifle fit tourner.

— Baisse les yeux ! lui dit Pigeon de sa voix d'ours.

Personne ne riait et moi je pleurais mais pas comme on pleure d'habitude. Je pleurais de haine, ça ne compte pas. Pleurer de haine, c'est le contraire de pleurer à chaudes larmes. Mes larmes, elles auraient pu geler sur mes joues.

Joseph avait réussi à rester digne sous les coups et tout le monde appréciait. Il saignait de la bouche mais il se tenait debout, presque droit, et il ne frottait pas ses joues. Il avait bien compris la règle et c'était rare, les petits qui comprenaient les règles de Doudou. Doudou, c'était le plus grand des grands, le costaud des costauds. La bouche en sang, Joseph essayait même de sourire. En sang pour s'être gratté le nez.

— Vous ! avait dit Pigeon. Vous vous êtes enfoncé l'index dans le nez pendant que je parlais ?

— Oui, m'sieur.
— C'est grossier.
— Et avec le petit doigt, m'sieur, c'est grossier aussi ?
Le menton haut, Joseph s'était enfoncé l'auriculaire au fond de la narine.

Les coups avaient plu, Joseph avait roulé, poussé des cris perçants, j'avais pleuré de haine, maudit pour la première fois ma misérable mère, puis on s'était éloignés en soutenant Joseph, et je l'aurais serré dans mes bras si cela n'avait pas été interdit.

Tous ensemble, nous étions appuyés au grand mur. Pas de coins, pas de cachettes, il fallait tenir tout le monde à l'œil. Joseph souriait malgré la douleur, c'est pour ça que Doudou l'aimait bien. Joseph avait compris qu'il valait mieux être dans la poche des grands que dans celle des pions. Et donc avant tout dans la poche de Doudou, qu'il eût été logique d'appeler Durdur, puisqu'il avait des bras en cuisses de bœuf malgré ses quatorze ans. Moi, c'était Lou en attendant de me connaître. J'étais d'accord, bien sûr. Porter un surnom, c'était devenir un autre enfant, Louis resterait mon prénom d'enfant libre, que je reprendrais plus tard.

— Si Pigeon il me frappe comme ça, j'expliquai, moi je me fais la malle en Hollande !

Doudou se moqua de moi.
— Et t'iras comment ? À dos d'oie ?
— Ben non. Sur un bateau blindé : l'*Atlas VI*.
— Tu réussirais à trouver un bateau que tu ferais pas cent mètres avant d'être coulé par les Boches.
— Attends, t'es pas au courant ?

— Au courant de quoi ?

Alors je leur racontai l'histoire de l'*Atlas V*, que j'avais vu partir alors que j'étais à trois mètres, et que je rampais pour que les soldats ne me reconnaissent pas. J'expliquai que j'étais arrivé trop tard. Dommage, sinon la Hollande j'y serais déjà.

— Tu inventes, trancha Doudou. Faut pas. Ça va te faire du mal. On ne s'enfuit pas d'ici. Rêve d'autre chose, rêve seulement du jour où on te filera ton trousseau en t'ouvrant la porte. Et en attendant tu t'arranges pour éviter de te faire abîmer par les pions. Là, t'as croisé Pigeon, puis y a le sous-maître : Barbeau. Ils font la paire, sauf que Barbeau a de la cervelle et qu'il s'en servira pour te détruire si tu lui dis ses vérités. En plus il donne la classe, de temps en temps, et là faudra te tenir à tes bretelles. On va t'apprendre à devenir malin si t'as de quoi l'être.

J'avais deviné qu'on ne s'enfuyait pas, je voulais passer pour plus héros que le capitaine de l'*Atlas V*. On ne s'enfuyait pas, il fallait rester entre les grands murs pour ne pas déranger le mouvement du monde au-dehors, et les gens bien. Je me tenais debout sur mon oreiller pour regarder par la fenêtre, je suivais des yeux l'allumeur de réverbères et je lui tirais la langue de très loin, alors Pigeon m'attrapait par la nuque et me couchait d'un coup au ventre et d'une menace. Épuisés, on ne luttait pas longtemps, ni contre les menaces ni contre le sommeil.

On tenait parfois une poignée de minutes, le temps d'échanger quelques faux secrets. Et les grands se lançaient des insultes qui leur fichaient des rires de sorciers entre les dents. Ou bien ils proféraient des menaces et des obscénités, prétendaient se masturber en pensant à l'un de nous, dont ils répétaient le prénom avec d'infâmes bruits de bouche.

Le champion du mensonge, c'était Ernest, un vrai perdu qui mangeait comme un porcelet, se mouchait dans ses manches et riait des punitions. Je dormais entre Joseph et lui, et s'ils se mettaient à palabrer, c'était la dispute assurée.

— L'écoute pas, Lou, c'est qu'un sale menteur.

— Non, je dis rien que la vérité. Il y a deux soldats qui logent ici.

— Des soldats ?

— L'écoute pas, je te dis !

— Un Canadien et un Flamand. J'ai entendu qu'ils en parlaient. Je sais même pas pourquoi ils sont ici, je le sais qu'ils sont ici, c'est tout, je ne sais plus comment ils s'appellent mais c'est des drôles de noms.

— Sale menteur !

— Vous verrez bien. Peut-être ils ont plus leurs parents.

— Dors, on va encore se faire pincer.

— C'est toi qui causes.

— Mais c'est toi qui as commencé.

— Fermez-la !

Trop tard. Nous dûmes apprendre le silence dans le corridor, à genoux sur une latte en fer et les mains sur la tête, apprendre le pire du silence, en apprendre la laideur et le manque, sans décor. Une main dans la barbe je parle d'une leçon, ce n'était qu'une heure parmi d'autres, pas même un aperçu de la mort, que je m'autorise à souhaiter moins froide que ces instants. La seule leçon de mes premiers jours au Vertbois, je l'avais reçue de Joseph, cet invincible morceau de caoutchouc qui se donnait la liberté de regarder les gens comme ils méritaient de l'être. Peut-être même que Pigeon en avait mal dormi.

À cinq heures, Barbeau nous mettait debout d'un coup de bâton sur les pieds par-dessus le drap. Il insultait les fainéants et retournait un matelas au hasard. Moi je me levais dès que s'ouvrait la porte du dortoir parce que j'étais lent à m'habiller.

Puisqu'il faisait beau ce jour-là, le sous-maître nous aligna dans la cour pour une séance de gymnastique militaire.

— Troisième fenêtre à gauche, souffla Ernest pendant que nous marchions au pas.

Levant les yeux, je vis une silhouette adulte en chemise bleue, un homme aux larges épaules tombantes, qui lorgnait vers nous. Distrait, le rang parfait se disloqua, des bras se touchèrent, puis des chevilles. Perdant l'équilibre, Ernest s'agrippa à la culotte qui le précédait et jura en se vautrant sur Joseph. Les grands, qui défilaient à l'écart, jetèrent vers nous des regards empoisonnés pendant que nous tentions de nous dénouer du tas que nous formions, le cœur déjà cloué par la peur de ce qui nous attendait.

— Chauvier !

C'était le nom d'Ernest.

— Oui, m'sieur ?

— Cela vous amuse de ruiner les exercices ?

— Non, m'sieur. C'est pas moi, m'sieur.

Pendant que nous tâchions de reformer un rang, Barbeau s'approcha de nous en faisant craquer ses phalanges. Une figure de rat souffrant, mal mise entre de gros favoris taillés sans soin, une gueule à mouches, un air à moudre des cailloux.

— Vous mentez, Chauvier. J'ai entendu votre voix. Irez-vous jusqu'à dénoncer l'un de vos camarades innocents ?

— Non, m'sieur.

Le sous-maître fit mine d'oublier cet incident, mais dès que nous fûmes assis devant le pain et l'eau, il hurla :

— Chauvier, debout ! Allez-vous avouer votre mensonge ?

Ernest hésita, se rongea deux ongles et finit par céder.

— Oui, m'sieur.

— Bien, je vous prie donc d'écrire votre nom sur les dalles, afin que chacun s'en souvienne.

Au bout de quelques secondes glaciales, Ernest expliqua qu'il n'emportait pas de crayon au repas.

— Dans ce cas, utilisez votre langue.

À quatre pattes, Ernest commença à tracer les lettres de son prénom, et très vite il se mit à gémir. Parce que les deux dernières lettres étaient rouges de sang, il dut laver le sol pendant que nous mangions.

Je rêvais que les grands se lèvent pour nous défendre, mais Doudou se contentait de menacer du poing ceux qui riaient dans le creux du coude, alors je baissai la tête comme on éteint la lampe, ignorant les gros soupirs d'Ernest.

Pendant la récréation, j'appris que Pigeon et Barbeau étaient arrivés l'année précédente, avec leurs saletés de lois et leur envie de cogner, alors c'était devenu pire qu'avant, quand c'était déjà pire que tout, mais ça changerait dès la fin de la guerre. Et elle s'annonçait, la fin de la guerre, grâce aux Anglais et aux Américains.

— Tu avais raison, dis-je à Ernest. Il y a au moins un soldat.

Ça le consolait à peine. Il grimaçait comme s'il avait mangé de la pourriture et des clous, et il respirait lentement, bouche ouverte afin d'apaiser sa langue meurtrie.

En classe, Barbeau souriait presque timidement. C'était un tour de roue, un coup bas puis un instant de grâce, tortionnaire à l'aurore, bienfaiteur à midi, avec la même sincérité apparente. Pendant ces heures de rédemption, nous avions le loisir de lui demander quelques faveurs, ou de l'emmener par nos questions vers les sujets qui nous plaisaient. Combien pesait un fusil, et la guerre serait-elle bientôt finie ?

À nouveau, il nous invita à condamner les mutins de la Marne, les lâches par qui l'ennemi risquait de triompher. Plus que des forces alliées, l'issue des combats dépendait de ces couards.

— Et c'est vrai qu'il y a deux soldats chez nous ?

— Deux soldats, dites-vous ?

— Monsieur, on pourra les rencontrer ?

— Puis-je savoir qui vous a parlé d'eux ?

— On en a vu un, m'sieur, par la fenêtre.

Les doigts accrochés au col de son veston, Barbeau aligna devant nous de longs pas rêveurs avant de planter son regard métallique dans les yeux d'Ernest.

— Alors c'est vrai, ce que l'on raconte ? Des fantômes hantent l'étage ?

Il savoura notre terreur, le temps de quelques pas plus prestes.

— Au fond, dit-il avant de nous toiser, rencontrer des soldats vous offrirait peut-être une leçon de patriotisme… Nous verrons cela. Sortez vos cahiers de calcul.

Il nous dicta des problèmes où il était question de cuirassés. Certains coulaient, d'autres venaient en renfort, trois d'entre eux coulaient à leur tour. Je fus le premier à découvrir que quatre bateaux restaient à flot.

— Je vous félicite ! s'écria le sous-maître. Je vois que vous êtes doué en mathématiques.

— Non, monsieur, juste en bateaux.

Il m'adressa une grimace dubitative, mais il me crut dès le problème suivant, quand il fut question de compter et décompter des kilos de terre.

Le directeur nous rassembla dans le réfectoire, que prolongeait la salle d'étude des moyens. Il fit un discours de ministre qui vous cherche des larmes et manque de pleurer seul, parce que juillet serait doux et que la guerre cesserait bientôt de voler nos pères et nos grands frères, parce que avril fut trop long et trop froid mais que toutes les neiges d'Europe finiraient par fondre, se retirer comme de vastes rideaux blancs sur le spectacle infini des renaissances, des papillons, des boutons-d'or, et parce que nous avions de la chance, nous les petits orphelins, de manger un peu chaque jour à l'abri des canons et des bas-fonds du peuple. Ensuite il fit entrer les deux militaires, qui s'appuyèrent à un muret près de la porte, échangeant avec le directeur des gestes courtois.

— Les enfants, clama ce dernier, vous disposez d'une demi-heure pour poser à ces messieurs toutes les questions auxquelles ils accepteront de répondre.

Un soupçon de reproche dans la voix, l'un de nous demanda pourquoi ils n'étaient plus sur le champ de bataille. Le plus grand des soldats, celui que nous avions aperçu à la fenêtre, toussa au dos de sa main, puis avança vers nous d'un pas timide.

— Henry Métivier, troisième section de commis au parc de bétail. Moi j'ai quitté le Canada il y a un an, et je suis arrivé à Saint-Nazaire avec un convoi de bœufs. Mille bœufs pour les troupes françaises. Après ça j'étais dans un autobus de transport des viandes avec le chauffeur, et il y a un type qui s'est présenté à nous, il a dit : « Je suis le sous-intendant des viandes, suivez-moi. » Sauf que c'était pas le sous-intendant des viandes, c'était un Boche. Il y avait presque deux tonnes de viande dans le véhicule, de quoi nourrir un régiment. Et ils ont détourné six autobus.

Pendant que Barbeau prenait des notes pour que l'on fasse des calculs avec la viande, nous qui n'y avions pas droit, Métivier expliqua qu'il avait déserté ses rêves pour rejoindre l'armée, à cause de Charles, son fils de seize ans, qui s'était engagé avant lui.

— Moi je lui avais interdit vu qu'il était trop jeune, mais il a répondu : « On doit y aller tous. » Alors j'ai pris ce bateau, avec les bœufs et les bouchers, pour me rapprocher de lui. Ce que je sais, c'est que pour dix dollars par jour il se précipite sur les cratères laissés par les obus et il signale le point d'impact. Je me demande à quoi ça sert. À quoi ça sert ? Je me demande.

On s'est tous mis à réfléchir en même temps que lui.

— Peut-être, a risqué Jo, le grand rouquin, peut-être parce que les obus ils tombent jamais au même endroit, alors les soldats ils bondissent ensemble d'un cratère à l'autre ?

Nous avons réfléchi plus fort encore, sans idées, mais en craignant pour la vie de ce pauvre Charles, puis nos regards ont commencé à observer l'autre soldat, qui secouait la tête sans un mot.

— Comment vous vous connaissez ? j'ai demandé.

— Ah, lui, c'est Hans. Il parle pas beaucoup. Il a pas supporté.

— Il a pas supporté quoi ?

Le directeur se posta devant les militaires, les bras tendus pour inviter au calme, et il expliqua qu'il avait lui-même ouvert la porte aux deux hommes qui couraient épuisés, l'œil hagard et la barbe tachée de sang, ils couraient pour échapper à la Polizei.

— Ces messieurs repartiront dans trois nuits pour rejoindre un bataillon.

— Ouais, on verra, souffla le taiseux.

Visiblement il ne souhaitait rien ajouter, mais tout l'interrogeait, nos yeux vastes et le silence, et le sourire embarrassé de Barbeau. Alors il releva la tête et c'est lui qui nous questionna.

— Si vous aviez vu, finit-il par dire d'une voix grasse. Putain si vous aviez vu… Moi, j'ai vu. Mais vous, les morveux, hein ? Vous voyez quoi ? Sur votre île, là, loin de la guerre, à faire vos petits exercices dans la cour et vos petits calculs et vos dictées de merde, vous apprenez quoi ? On vous a dit comment c'était ?

Il renifla dans sa manche puis se pencha vers moi.

— Tu sais, toi ? Tu sais rien, rejeton. T'es une larve

d'humain. Voilà ce que vous êtes tous : des larves d'humains ! Vous récitez des trucs, j'applaudis, ouais j'applaudis, mais vous n'avez jamais eu de la boue dans vos gamelles, pas vrai, les larves ? Vous croyez quoi ? Que vos pères ils s'écroulent dans une prairie en criant vive la patrie ? Ils pleurent. Ils pleurent de trouille dans leur trou pendant des semaines, et ceux qui refusent de boire l'eau infestée par les cadavres, ils sucent des cailloux pour oublier la soif. Des cailloux. Et puis un matin y a l'officier qui se met à gueuler, alors on se lève, on court, ça siffle, et les têtes éclatent autour de vous qu'on dirait des pommes blettes, et on dit rien, on continue, on court. Les blessés, ils gémissent en tas et ils espèrent crever le plus vite possible, ils supplient qu'on les achève, seulement y a pas le temps.

Le Canadien le prit par le col pour le plaquer contre la porte, mais sa voix était douce.

— Ferme-la, mon gars, OK ? Ferme-la, maintenant. C'est des gosses.

— Putain, lâche-moi !

Et c'en était fini de la rencontre avec les héros. Ils sortirent en compagnie des pions, et le directeur nous observa comme si nous venions de manger des ronces, inspectant nos têtes de carpes vertes et se racla la gorge le temps de trouver de quoi nous consoler.

— Voyez, s'écria-t-il soudain, comment la cruauté de nos ennemis a eu raison de l'âme de ce pauvre soldat ! Et voyez ce qu'il advient quand on perd la foi !

Ce laïus sauva bien peu la face du bon Dieu et celle de la patrie. Nous attendions la suite, la preuve d'une vérité moins rude, question de jouer à autre chose qu'à l'atroce agonie des poilus. Il n'y eut d'autre suite qu'une récréation prolongée, où les grands plaisantaient sur la chair morte. Les ricanements visaient aussi ce Flamand devenu fou, qui n'était pas un homme et qui suait, et qui s'agitait à la façon d'une poule traquée, et qui nous faisait honte.

Nous, les petits, dans un coin de la cour, on se disait qu'au moins on était protégés.

Le Canadien sortit bientôt seul, très droit, les mains dans le dos. Une bande de grands l'aborda.

— Il est où votre copain, monsieur ?

— Il se repose.

À cause de sa voix d'orage, le groupe s'éclipsa et je m'approchai à mon tour, suivi par Ernest et Joseph qui m'invitaient à la prudence. Il nous laissa le temps de l'observer puis demanda si nous allions bien.

— Oui, monsieur ! M'sieur, vot' fils, il est vivant ?

— J'espère.

— Et c'était quoi, vot'rêve ?

— Mon rêve ?

— Oui, vous avez dit : j'ai laissé mon rêve. C'était quoi ?

— C'était pas des rêves. C'était juste que j'aurais pu prendre un autre bateau que celui des bœufs.

— Moi aussi ! je criai. L'*Atlas V*, je pouvais.

Métivier ne sembla pas m'entendre. Il frotta son menton de coupeur de viande et chercha dans le ciel des nuages en forme de bateau ou des nouvelles de son fils.

— Et vous, c'était un quel bateau ?

— L'*Endurance* de Shackleton.

— L'*Endurance,* je répétai en imitant son accent bizarre. Et le capitaine c'est Shackleton.

Je ne voulais rien savoir de plus. Ce bateau-là pouvait venir de n'importe où et partir où il voulait, un jour ce serait moi son capitaine. Juste avant de m'endormir ce soir-là, je me figurai des voiliers immenses, et moi, fort comme un Canadien, je riais de l'intérieur.

Le lendemain, il fallut apprendre un poème et le réciter à voix haute : *Courage, écolier, voici l'étude : assis bien vite ! Au travail sans trop de façons ! Ton livre à la peine t'invite, enfant, c'est l'heure des leçons. Oh, oh ! L'ennuyeuse grammaire. Comment pourrais-je la savoir ? Petit, petit, songe à ton père, et comme lui fais ton devoir.*

Dans la cour, on jouait à qui réciterait le poème le plus fort à Henry Métivier, quand, debout sur le toit des latrines, Jo le rouquin se mit à hurler :

— Vive les mutins ! Mort à la guerre ! Mort aux officiers !

Pigeon se précipita vers lui, l'attrapa par la ceinture et lui fit danser sur les dalles quelques figures acrobatiques avant de l'emmener par les cheveux jusqu'à cette cache obscure sous les escaliers du dortoir, où s'entassaient les objets confisqués. Il l'y jeta tel un sac et revint haletant et fier.

— L'ordure, grommela Métivier en se plaçant devant nous tandis que le pion défiait Doudou d'un œil glacial.

— Faut nous aider, m'sieur, dis-je au soldat. Faut nous aider à nous évader.

— Ouais, reprirent les copains. Faut nous évader avec vous.

Mais la seule façon qu'il trouva de protester fut de nous planter là.

Parce que nous devions profiter de la punition, le sous-maître choisit de laisser le rouquin dans la remise cadenassée jusqu'au matin suivant, et toute la nuit durant nous l'entendîmes appeler au secours de sa voix de fille craintive, à cause des rats et des insectes. Je m'endormis très tard, car chaque fois que l'un de nous recevait une correction, ce n'est pas pour ma peau que je craignais mais pour les joues de Rose, pour ses cheveux à elle, et plus le temps passait plus j'avais l'espoir triste, et je rêvais de retrouvailles. Cela rendait l'éveil bien sombre.

Si j'étais le premier debout, c'était pour replier la nuit avec ces rêves qui faisaient mal, et n'avoir pas le temps de penser aux jours libres, ceux d'hier ou ceux qui reviendraient.

Certains cris tachent l'air et font pousser des cauchemars. Les ululements glauques du rouquin continuèrent de hanter mes nuits. C'est ainsi qu'éveillé seul bien avant l'aurore, en boule sous le drap, je fus témoin d'un manège étrange. D'un pas très lent, Pigeon s'approcha de nos lits, attentif à ne pas nous alerter. Il tapota de l'index l'épaule minuscule de Firmin, un copain dont je n'ai rien dit encore parce qu'il ne disait rien. Il vivait entre rire et peur, à l'écart, il riait de ce qui lui faisait peur et craignait ce qui nous faisait rire. Dans la cour il nous suivait, long et maigre mais la tête rouge, avec des yeux de chien errant.

— Venez avec moi, mon garçon, murmura le surveillant.

Ils s'en allèrent, et Firmin revint seul après quelques minutes.

— Qu'est-ce qu'il voulait ?

— Rien. C'est un secret.

Cela recommença la nuit suivante, et je remarquai qu'on lui servait de la bière après le repas du soir. Je parlai de ces bizarreries aux autres, et Ernest conclut que Pigeon faisait des choses à Firmin.

— Des quelles choses ? demanda Joseph.

On appela Firmin et je lui demandai sans détour, droit comme un tribunal :

— Il te fait des choses, Pigeon ?

— Ben non.

— Alors quoi ?

— Ben rien.

— Il t'offre de la bière et deux fois par nuit il te sort du lit, nous raconte pas que c'est pour te chanter des berceuses.

— Ben non.

— Alors ?

— C'est un secret.

Il dut sentir qu'on allait l'abandonner sur le seuil du réfectoire et l'oublier pour toujours, que les copains ça ne mijote pas des secrets louches avec les gardes-chiourme, surtout pas avec ce salaud.

— C'est juste parce que je fais pipi au lit, expliqua-t-il. Je voulais que personne le sache. La bière, c'est bon contre le pipi au lit, et il m'emmène aux toilettes deux fois pour être bien sûr que je fasse pas sur le drap. Voilà.

— Voilà ?

— Oui.

— Et toi, t'étais gêné ou quoi ?

— Juste j'avais peur que vous rigoliez.

On lui a offert une claque amicale sur l'épaule, puis Ernest, le spécialiste, lui a dit d'un regard écœuré que s'il nous mentait sur ce coup-là, il était foutu, foutu !

— Je mens pas, je le jure, je vous le dirais si je mentais.

Et nous avons choisi de le croire.

Nous ne pouvions rien pardonner à Pigeon, surtout pas d'être réellement bon avec l'un d'entre nous. Car cela troublait notre perception et notre bonne colère. Je ne savais plus si je souhaitais encore m'évader, et je pense qu'Henry Métivier ne savait pas non plus s'il devait ou non rejoindre les troupes. Plusieurs fois il annonça son départ, avant d'expliquer qu'il devait patienter quelques jours encore.

Il passa ainsi tout l'été parmi nous, un été d'exercices militaires et de coups de bâton, de chasse aux poux et de faim, un été où j'appris à faire semblant d'être fort, les yeux aux fenêtres du dortoir, entre les mouches, pour me rappeler qu'il existait un monde.

Au début de septembre, je reçus une lettre de Rose. Elle s'adressait à moi parce que notre mère ne répondait jamais. Chaque mois, elle avait le droit de rédiger une lettre que relisait une sœur.

J'espère que tu vas me répondre, écrivait-elle. *Je suis un peu malade de la poitrine, mais les sœurs me soignent très bien avec du papier à cuire, de la noix de muscade et des cierges râpés qu'elles fondent pour les mettre sur ma peau. Ça me rôtit, je crie, mais comme ça tout ira mieux.*

Elles me bénissent. On nous bénit beaucoup, ici. Quand je suis arrivée, la directrice nous a mises à genoux parce qu'elle devait partir et qu'il fallait lui dire au revoir. Et elle nous a bénies.

On travaille bien. Tous les jours on cire le parquet du dortoir, trois fois dans chaque sens. On cire aussi les souliers des sœurs à l'aube pour être en forme, sauf maintenant que je tousse trop fort. Et le samedi, c'est aujourd'hui, on peut se laver les pieds.

Parfois, les grandes sont méchantes mais alors elles sont punies, surtout quand elles nous volent le manger, ou quand elles essaient de nous apprendre à faire l'amour avec un morceau de bois. Là, elles sont carrément envoyées dans une prison et elles ne reviendront jamais.

Moi je suis punie mais pas beaucoup, sauf parce que j'ai renversé de l'eau d'un bac en jouant avec mes sabots, et l'eau a trempé l'habit de la surveillante, alors pour m'apprendre que ce n'est pas drôle elle a noué autour de moi un drap tout mouillé pendant trois heures. C'est à cause de ça si je suis malade, mais je l'avais bien mérité.

Il y a aussi des grandes qui ont été très punies parce qu'elles se sont enfuies, et il y en a aussi une en prison, elle l'avait bien mérité.

Mon petit Louis, je t'aime très fort, et surtout j'espère que tu me répondras, même si tu ne sais pas bien écrire.

Rose

Je ne savais pas mieux lire. Henry Métivier me fit donc la lecture de la lettre pendant la récréation, avant de passer une main dans mes cheveux.

— Elle guérira, promit-il. On va lui répondre ?

— Ben oui.

Mais je restai étourdi, à me frotter le front et les joues pendant qu'Henry m'encourageait.

— Qu'as-tu envie de lui raconter ?

Beaucoup trop de choses, ou beaucoup trop peu. Je voulais juste la voir, qu'on me laisse jouer avec elle. Henry me dicta quelques phrases que j'approuvai et complétai.

J'espère que tu vas mieux, qu'on se reverra bientôt, et que la guerre est presque finie pour avoir un dessert.

Tous les jours qui suivirent je demandai à Henry s'il pensait que Rose allait guérir et recevoir ma lettre.

— Aucun doute, répondait-il inlassablement puisque ces deux mots-là me rassuraient jusqu'au soir.

On était vraiment proches, le soldat boucher et nous. Peut-être parce que Joseph, le grand nigaud de Firmin, Ernest et moi, on écoutait ses histoires de bateaux comme si notre vie en dépendait, et peut-être parce que sa vie à lui dépendait de cette région-là de sa mémoire. Il nous apprit que le capitaine Shackleton avait rejoint les glaces de l'Antarctique avec un équipage que lui, Henry Métivier, aurait donc dû accompagner pour découper les manchots et les phoques.

— J'avais un copain, Thomas McLeod. Il est parti, lui, libre. C'était un costaud. On s'est promis de se revoir. Quand un type se barre en Antarctique et un autre à la guerre et qu'ils promettent de se revoir, c'est des amis pour de bon, pas vrai ?

On était tous d'accord et tous jaloux de ce McLeod.

— Et pourquoi ils vous auraient engagé justement vous ? j'ai demandé.

— Tu sais, des marins bouchers qui n'ont jamais froid, ça court pas les boutiques…

— Oui, mais si Charles est mort, vous avez choisi le mauvais bateau.

— Parce que toi tu penses qu'il est mort ?

— Non, lui dis-je.

— Non, confirmèrent les copains. Vu que lui, il court vers les trous de bombes après qu'elles ont tout pété.

Ça le rassurait jusqu'au soir.

En novembre le froid se mit à ramper dans les couloirs de l'orphelinat. Dehors, c'étaient de lourdes pluies que le vent chahutait, si bien que les préaux nous protégeaient à peine. Je craignais surtout l'instant du lever, quand il fallait rejoindre la salle des communs et se rincer à l'eau glacée des cuves. On se rendait en grelottant au réfectoire mal chauffé, et ce froid nous donnait faim. Il fallait se contenter pourtant de lait au malt avec une demi-tranche de pain gris.

Un de ces jours-là, les grands se fâchèrent. Doudou se leva et réclama d'être mieux nourri.

— Vous mangez de la viande ! cria-t-il en direction de Barbeau. Vous avez des pommes de terre, pourquoi on doit crever de faim, nous ? On est des apprentis, on n'est pas des gosses qui restent assis sur leur banc !

Les autres lancèrent un maigre écho de sa plainte, puis, prenant le risque de retrouver la cache sous l'escalier, le rouquin réchauffa son cri : « Vive les mutins ! », qu'il ponctua d'un rire bête.

Le surveillant attendit que chacun se taise avant de

se déhancher vers le petit groupe en grimaçant. Il souleva une chaise, en abattit le dossier sur la mâchoire de Doudou, si violemment qu'il fit voler un long ruban de salive rouge, et notre copain se retrouva sur les dalles, le visage au creux du coude. Quelques-uns se levèrent, mais le regard coupant qu'ils reçurent suffit à les soumettre. Henry Métivier entra alors, joignit son silence au nôtre, puis s'avança, léger, avec l'air de passer là par hasard. Lorsque ses mains vastes saisirent le cou du pion, je pensai qu'il restait à ce pantin misérable une demi-seconde à vivre, mais Henry se contenta de l'écraser contre un mur le temps d'une respiration tranquille, ensuite il le laissa retomber, vidé de son âme noire, peau de rat. Puis il aida Doudou à se rasseoir et repartit vers la cuisine.

— Je m'en vais cette nuit ! cria-t-il en marchant, le regard fixe. Quand la guerre sera finie, je viendrai voir si vous allez bien. Au revoir, les gosses.

Ce fut l'occasion pour moi d'une nouvelle promesse : je fuirais dans le sillage du Canadien et prendrais le même bateau que lui. Là-bas je serais marin mais pas pour la guerre, évidemment, puisqu'elle serait finie.

Il nous laissa seuls et craintifs devant notre pauvre ration de bouillie, avec la gueule cassée de Doudou qui essuyait lentement le sang sur ses pommettes, et le corps désarticulé du pion, fou de rage, bavant déjà de longues phrases haineuses. Un doigt tendu il menaça de faire vivre à chacun le pire de ses hivers. Homme de parole, il commença le soir même, en renversant nos armoires sous prétexte qu'elles étaient en désordre.

— Là, c'est clair, lui dis-je, elles ne sont plus en désordre.

Pour ma peine, il confisqua la boîte en fer.

— Vous n'êtes pas digne de votre père, Daubée !

Je passai l'heure suivante à genoux sur un bâton, avec Ernest qui avait osé ne pas me donner tort. Le silence des punitions que l'on partageait sous le regard des surveillants, c'était déjà de l'amitié. Ils ne s'en doutaient pas. Cette amitié me consola bien peu cette fois, parce que mon père était livré aux rats, aux mouches, aux ténèbres, dans la cache des objets maudits, les objets du cœur pris aux voyous de l'orphelinat. Or je n'étais ni tout à fait voyou, ni tout à fait orphelin.

Ernest il comprenait, lui, pourquoi je pleurnichais dans mes manches. Il profita de l'absence brève du pion pour chuchoter à toute vitesse :

— Tu cries : « Vive les mutins ! » dans la cour demain. C'est Pigeon qui surveille, alors il te punit dans la remise et toi tu récupères ta boîte et tu la caches sous ton paletot.

— J'ai un peu peur du noir, je crois.

— J'irai, moi, promit-il.

Mais personne ne cria quoi que ce soit dans la cour, le lendemain. Sous la bruine, on parla de Métivier, qui nous abandonnait pour retrouver son fils dans un cratère d'obus. Ce n'était pas méchant de nous abandonner, pour nos mères non plus. Les seuls méchants, c'étaient les Boches, ces « têtes carrées » dont on nous apprit en classe qu'elles n'avaient pas le même cerveau que nous. D'ailleurs un jour ces gens-là deviendraient anthropophages, déjà qu'ils mangeaient du cochon qui avait mangé de l'homme.

— Ils y viendront, vous verrez ! Pas comme les nègres qui se mangent entre eux parfois pour respecter les rites, non, les Boches ils feront cela par pure cruauté !

Bien sûr nous retenions ces paroles mieux que les dates de l'histoire, d'autant qu'il roulait des yeux fous, Barbeau, quand il parlait de l'ennemi. Et nous, nous les petits, nous serions la relève un jour. Si la guerre devait durer quelques années de plus, ce serait à notre tour de prendre un fusil. Voilà ce que criaient nos pères morts du fond de la terre écorchée. Et dans les fosses, dans les tranchées devenues soudain cimetières de héros et d'où s'élevait la lente clameur des anges, au cœur d'un halo terrible et des échos de clairons tristes, ils criaient : « Ce sera votre tour, demain, soyez prêts, chers petits. Soyez prêts ! » Des yeux fous. Ça tournait. Il parlait peu de la guerre, mais quand il en parlait, nous avions honte d'être des enfants.

Ensuite il faisait calme sous la bruine, dans la cour, et puisqu'il fallait espérer que la guerre s'éternise ou qu'elle s'achève, on jouait à celui qui mourait le mieux, une main sur la poitrine ou sur le front, les jambes vacillantes et des râles profonds, et souvent on riait avant de toucher le sol.

Un jour que le grand Firmin faillit mourir de rire en nous observant, on le poussa à jouer lui aussi.

Le visage figé, il entrouvrit les lèvres où vint un filet

de salive. D'un coup son corps parut vide et il s'étendit comme un tablier que l'on jette. C'est sûr, il était prêt, Firmin. On l'applaudit. Il salua, et l'image de sa chute se grava dans ma mémoire.

Je reçus juste avant décembre la deuxième lettre de Rose. Elle m'annonçait que nous allions nous voir pour la Sainte-Barbe. Les pupilles du Vertbois étaient invités à la grande fête, où il y aurait de la musique et des chansons.

Moi, écrivait Rose, *je réciterai un poème :* La Petite Fille. *C'est joli mais je te garde la surprise. Je récite très bien, on me félicite. Je suis bien contente alors j'oublie les soucis. J'ai encore été punie parce que je l'avais mérité. À table, pour souper, nous sommes toutes très pauvres pour le moment, alors on a reçu deux biscuits pour chien. J'ai fait wouf wouf, ce n'était pas très intelligent. J'ai été privée de promenade. Ce n'est pas vraiment grave parce que c'est interdit de passer par la place Saint-Lambert à cause de la vitrine du Grand Bazar où il y a trop de jouets pour les riches, et la Mère supérieure ne veut pas qu'on soit tristes. On va se voir juste après Saint-Nicolas, chouette ! C'est plein de fêtes !*

Le lendemain, notre directeur confirmait la nouvelle.

— Il s'agit d'honorer cette invitation, déclara-t-il. Par exemple, nous pourrions proposer une démonstration de gymnastique. Avez-vous d'autres idées ?

— Réciter un poème !

Des rires de chèvre envoyèrent au clou mon enthousiasme, alors je proposai de l'écrire moi-même et le vacarme redoubla. Barbeau attendit que la classe range ses rires pour ajouter :

— Quelqu'un d'autre que notre Rimbaud aurait-il une idée sérieuse ?

J'avais donc un surnom, et il ne me plaisait pas. Nous ignorions tous ce qu'était un Rimbaud, mais ça ressemblait à « rien de bon », une chose délaissée, peut-être parce qu'il en étirait les syllabes, les traînant dans la fange de sa bouche mal mise. Je le détestai et j'armai mes yeux d'encre très noire, en les tournant vers la fenêtre pour ne tuer personne. Pendant que fusaient les sarcasmes, je cherchai les premiers mots de mon poème, dont le titre serait *Le Petit Garçon*. Je l'écrirais, il parlerait de bateaux, et je le réciterais à Rose devant tout le monde.

— Monsieur ! lança Ernest. Firmin il fait bien le mort. On pourrait jouer une scène de guerre.

Voyant que Barbeau balançait entre « Bravo, mon grand » et « À genoux dans le couloir, larve ignoble », Ernest ajouta, le front bas, une prière dans la voix :

— À la gloire des barbus, monsieur.

— Bravo, mon grand. Belle idée.

— Mais moi je ne veux pas faire le mort ! bredouilla Firmin.

— Ben tu mourras seulement à la fin.

— D'accord. À la fin de quoi ?

— On sait pas, mais si tu veux, tu choisis qui c'est qui te tuera.

— Bon, silence. Prenez une feuille et notez tout ce que vous souhaitez dire en l'honneur de nos soldats. Je retiendrai les meilleures idées et je vous mettrai en scène.

La semaine suivante, il nous fit asseoir sans nous saluer, le visage gris. Il se massa la poitrine, inventa des grimaces puis annonça d'une voix d'agonisant :

— Vous n'avez pas compris, vous ne comprenez pas, vous réfléchissez sans esprit et sans cœur, autant dire que vous ne réfléchissez pas, et je devrais sans doute vous laisser dans l'ignorance mais telle n'est pas la façon dont je conçois mon métier.

La règle de fer s'abattit sur le bureau.

— Morveux que vous êtes ! hurla-t-il en cherchant nos yeux lâches. Votre seul souci serait-il de trouver les pires façons de torturer l'ennemi ? C'est donc à cela que se réduit votre patriotisme ? Pas un mot sur la bravoure ! On vous enseigne des principes, et que recevons-nous ? Les propos vulgaires de la populace ! Voulez-vous y retourner ?

Là, retrouvant une inspiration mystique, il supplia le Seigneur de nous éclairer, mais le Seigneur s'attelait à quelques missions plus valorisantes. Barbeau s'avança vers moi, la règle calée entre les poings.

— Daubée ! cria-t-il. Pour une fois vous êtes l'exception ! Je vous lis l'œuvre de notre Rimbaud. *Le Petit*

Garçon. C'est le titre. *Le petit garçon, il sauta sur le pont. Ah, il a réussi. Hourra ! C'est la terreur des Boches. Un petit garçon, ça ne meurt pas dans la guerre. Et tant pis si ça meurt, il est sauvé !* Voilà de la grandeur d'âme !

Il entreprit une analyse littéraire qui m'aurait bouleversé si je l'avais comprise, et mit la chute en exergue. « Tant pis s'il meurt, il est sauvé ! » J'avais donc perçu le sens de la vie, de la mort, de la guerre, le sens du courant, ce que je confirmai. Si j'avais été honnête, j'aurais avoué que, dans le texte, j'étais uniquement sauvé des murs de l'orphelinat. Je me tus et devins un exemple à suivre, je pouvais prétendre à de belles études, j'aurais un jour des responsabilités. Pourquoi pas celles d'instituteur ?

Il fut décidé que l'on jouerait la scène du bateau, et pour que Firmin puisse mourir, nous écririons un hommage au soldat Fonck, notre premier cavalier abattu par l'ennemi. On travailla durement, même pendant les récréations. Il s'agissait pour Firmin d'apprendre à mourir à cheval, Ernest jouant le cheval, qui lui ne mourait pas, parce que c'est trop cruel. Ainsi, tout fut prêt pour un beau dimanche de fête, presque un souvenir de bonheur.

À Sainte-Barbe, le 4 décembre, on nous installa sur des bancs face à la scène, où une religieuse vint crachouiller un long discours, annonçant qu'elle jouerait pour nous les grandes orgues de la chapelle, après quoi les gamines défilèrent avec des cantiques et des farandoles ridicules. Enfin, alors que je pressentais l'ennui, Rose apparut seule, les cheveux noués. La lumière pâle semblait s'éteindre autour d'elle, qui souriait de fierté, les mains croisées sur le ventre.

— *La Petite Fille.*

J'avais prévenu les autres qu'elle serait là, et tous la reconnurent et se mirent à bavarder.

— C'est la sœur à Daubée !

— Louis, c'est vrai ? C'est elle ?

Je ne répondais pas, je voulais juste l'entendre réciter son poème, je voulais l'étudier par cœur pendant qu'elle le disait, et qu'elle le dise encore, deux ou trois fois, et pour moi seul.

— *La Petite Fille.*

Mais à l'instant où elle croisa mon regard, son sourire

devint immense, et il est impossible de parler quand on sourit à ce point. Elle se tortilla en penchant la tête, puis tenta de retenir ses larmes avec ses poings. Quand elle libéra son visage, ses yeux ne portaient plus que la détresse du jour où il avait fallu se séparer.

Une sœur austère battait frénétiquement des mains et des pieds pour la rappeler à l'ordre, et deux grandes, sur un signe, coururent jusqu'à elle pour l'enlever à la scène. Sans réfléchir une seconde, je me levai afin d'aller rosser ces deux idiotes, la religieuse et tout ce qui se mettrait sur ma route. J'eus le temps d'aligner quatre pas avant que les doigts calleux de Pigeon me saisissent l'épaule et me revissent au banc, avec sa haine muette et les points de salive aux commissures des lèvres.

J'étais trop sage alors, ou trop craintif, muselé par les leçons reçues. Aussi je baissai la tête et ne dis plus un mot. Pourtant, lorsque arriva notre tour, je trouvai la force de monter sur scène, poussé par les copains très soucieux de faire bonne impression.

— *Le Petit Garçon.*

Debout et droit face au public, j'aperçus Rose entre deux fillettes bien pâles qui lui tenaient la main. Je commençai trop bas, on me cria : « Plus fort ! » Mais ce fut un fiasco, ma voix restait toute petite au fond de ma gorge, il fallut tout répéter.

— *Un petit garçon, ça ne meurt pas dans la guerre. Et tant pis si ça meurt.*

— Plus fort !

— *Et tant pis si ça meurt ! Il est sauvé !*

Ça, je le criai très bien, et puisque c'était la dernière phrase, je fus applaudi et saluai douze fois au moins pour regarder Rose plus longtemps. Heureusement elle ne pleurait plus.

Après la scène du soldat Fonck où Ernest improvisa un cheval fou, volant la vedette à Firmin qui, du coup, surjoua l'agonie, la Mère supérieure nous encouragea, très émue, puis elle hurla que l'heure était venue d'écouter les grandes orgues à la chapelle.

On nous rangea encore, les filles à droite, les garçons à gauche, mais une jeune sœur de Sainte-Barbe accola deux chaises à l'avant et nous y installa, Rose et moi. Dès que nous fûmes assis, Rose me dit tout bas, le plus vite possible :

— Il y a une surprise après la musique : des crêpes ! Mais faut pas les manger, d'accord ?

— Pourquoi ?

— Parce que la sœur qui cuisine avec les aînées, elle crache dans la poêle pour savoir si c'est chaud.

— D'accord.

On ne se dit rien de plus. Comme chacun, nous attendions que se taise l'infernale musique des orgues.

Entre deux airs, je parvins à glisser à l'oreille de Joseph :

— Faudra pas manger les crêpes. Les femmes elles crachent dedans.

La nouvelle fit le tour des rangs, mais lorsqu'on nous installa dans le réfectoire, séparés à nouveau, avec sous les yeux une crêpe fumante où coulait du sucre, on oublia le mode de cuisson pour déguster ce festin, qui aurait causé la perte de l'orphelinat si les fillettes n'avaient été nourries de biscuits pour chien et de bouillon maigre les semaines précédentes.

Il fallut donc remercier longtemps et chanter ensemble de nombreuses prières avant de se quitter. La jeune surveillante m'invita encore à embrasser Rose, vite, pas le temps d'échanger des adieux.

On rentra sans joie, nerveux, et je sentis ce soir-là des choses très étranges. Dans ma tête, une toute petite chambre s'était ouverte, un coin tranquille et silencieux où je pouvais me cloîtrer, une invention de la solitude et du manque. Je la meublais d'images anciennes, et du sourire de Rose, de l'*Endurance* de Shackleton, et du lent passage des charrettes que je voyais défiler le soir sur le pont, au dos des carreaux sales.

Je me détournai des copains, sauf pour les aider, ce qui m'évita l'isolement. Je dessinais des bateaux quand il fallait écrire, j'écrivais quand il fallait compter, je rêvais quand il fallait courir. Cela me valut quelques punitions qui m'accablèrent à peine. D'ailleurs les pions me punissaient sans entrain avec l'air de s'excuser, vu que je ne gaffais plus que par distraction, rien de nuisible. En outre, j'étudiais, j'honorais mon surnom de Rimbaud, je tuais les mouches et je m'intéressais autant à la littérature qu'à la fonderie.

Ainsi je connus quelques beaux jours d'hiver, et l'on sculpta même dans la cour, avec l'assistance de Pigeon, un bonhomme de neige que l'on appela Guillaume II et que l'on bombarda de boules compactes et de coups de poing.

Cependant que s'ouvrait l'an 1918, quelques bonnes nouvelles arrivèrent du front, et je commençai à épier le pont et les rues dans l'espoir d'y voir apparaître Henry Métivier.

Mon cher Louis,

Nous ne sommes plus à Sainte-Barbe, où on a mis des malades à notre place parce que les Allemands ont pris l'hôpital. Alors les religieuses de l'école Sainte-Foy nous laissent un peu de place. On est par terre mais on a de nouveaux lits, seulement on n'a pas de toilettes, ça pue.

Et on mange pas beaucoup : de la bouillie au lait. Parfois elle est sure et on doit manger quand même. Mes copines et moi, on a volé des carottes sur la place aux légumes et on a reçu une bonne correction sur les doigts.

Un moment, des soldats russes mangeaient avec nous, mais les officiers allemands ont pris leur place. Il y a aussi des soldats qui dorment dans la cour. Ça nous fait peur mais il paraît que bientôt ils auront perdu la guerre. Quand même on peut pas les embêter, des fois qu'ils voudraient se venger.

Si la guerre finit comme ils l'ont dit, je crois que maman viendra nous chercher, et on sera tous ensemble à la maison. J'espère. Ou sinon, on se verra pour la Sainte-Barbe si on redéménage.

Écris-moi une longue lettre.

Rose

Lorsque Barbeau vint m'annoncer, un jour de ce printemps-là, que ma mère m'attendait au parloir, je courus jusqu'à elle avec l'envie de hurler de joie, mais je compris en la voyant que le rire n'était pas de mise. Elle me regarda sans amour, courbée, le visage creux et blanc.

— Maman.

— Louis. Mais tu es grand, mon fils !

Elle pleura dans un petit mouchoir puis releva la tête et me dit très doucement :

— Hélène est morte de la fièvre.

On se dévisagea longtemps et elle me fit peur à cause de cette folie qui nichait comme un insecte dans son crâne depuis le décès de mon père. L'insecte avait pondu, le regard grouillait de vermine.

— Est-ce que tu manges bien ? demanda-t-elle.

— Oui. Pourquoi tu nous écris jamais ?

— C'est difficile.

— Et Paul ?

— Il ne sait pas encore écrire.

— Non mais il est où ?

— Chez Angèle, tu te souviens ? Angèle. Les fromages. Tu avais failli nous faire tuer, petit imbécile. Les Allemands ont quitté la maison. Angèle est gentille de s'occuper de ce vaurien. Elle est aussi gentille avec moi. Elle me donne un peu de travail pour m'occuper.

— Tu es toute seule ?

— Ton oncle Gustave vient parfois me voir. Il est rentré de Hollande, tu sais ? Il veut inventer des choses pour être connu et gagner de l'argent. Pour ça, il s'entend bien avec Angèle. Pour l'argent, tu sais ? Je n'en ai pas, ils m'en prêtent, il faudra rembourser, mais je n'en ai pas. Hélène travaillait et ça rapportait un peu, mais elle est morte, paix à sa pauvre âme, tu prieras pour elle et pour moi, si tu m'aimes.

Elle me sourit en secouant la tête puis elle s'excusa, elle était très pressée.

— Il faut que je me dépêche, on m'attend pour aller voir Rose.

— Dis-lui que je lui écris bientôt.

— Bon. Allez, viens embrasser ta mère.

Pendant qu'elle me serrait contre elle, elle se mit à gémir, surprise par une panique incontrôlable. Je crus qu'elle allait se mettre à hurler, mais elle précipita une paume sur sa bouche avant de me repousser.

— Il faut vraiment que je me dépêche, dit-elle, apaisée déjà.

Et elle s'en alla sans rien ajouter, laissant un peu de sa folie dans la petite chambre de ma tête. Ce soir-là, je tentai de peindre en pensée le visage de ma grande sœur dans un petit cadre, et j'essayai de prier pour elle, pour ma mère, et pour Rose, mais j'avais surtout envie que tout le monde prie pour moi.

L'été passa sans nouvelles de personne, martelé par les coups de Pigeon qui se lassait de nous et de sa vie bête. Puis vint le 11 novembre. Nous traînions dans la cour et il nous sembla entendre des clameurs montant par vagues dans les rues. Depuis midi les pions échangeaient des secrets qui les agitaient, ils s'en mangeaient les ongles puis marchaient nerveusement. Enfin le directeur sortit dans le sillage de Barbeau, qui boitait le plus vite possible.

— Mes enfants, la guerre est finie ! crièrent-ils en ouvrant les bras comme pour nous enlacer tous ensemble.

Ce fut aussitôt une cohue terrible, on lançait des hurlements de joie. Bientôt des grands frères reviendraient des tranchées, il y aurait des fêtes jusqu'entre nos murs, on recevrait du chocolat et peut-être des libertés. Pour nous, les petits, c'était un bon rêve très flou, car nous portions si peu de souvenirs d'avant 1914, à peine une ou l'autre image du quotidien, la berge sous la brume, et le bateau noir de Jules, quelques traits, le visage de Félix et sa voix abîmée, la tête ronde et froide d'Angèle.

Ce qui changea, c'est le personnel. Adieu Pigeon et le sous-maître, mais les remplaçants montrèrent des crocs semblables. On n'allait pas jouer les pestes sans tâter d'une lanière de cuir. Et l'on eut encore faim, cet hiver-là, où je me sentis de plus en plus seul, sans doute parce que j'avais trop attendu de l'être moins. J'avais rêvé d'un retour de ma mère, et du jour de la Sainte-Barbe, mais il n'y eut aucune autre fête que l'Armistice.

Deux mois plus tard, au début d'une après-midi glaciale de janvier, je fus emmené au parloir où m'attendait Henry Métivier. Il me serra contre lui plus fort que ne l'avait fait ma mère, ce qui me fit pleurer bien sûr, puis il me garda un instant à bout de bras, mes épaules dans ses poings lourds. Je le trouvai beaucoup moins imposant et pensai que c'était un mal de guerre, qui doit vous presser le corps et faire vieillir plus vite. Quant au regard, il n'était plus installé dans les orbites, Henry semblait le repêcher sans cesse au fond de son crâne pour l'ajuster, le fixer une seconde. Sa voix aussi s'était affaiblie.

— Alors, mon garçon, quelles nouvelles ?

— Y a pas de nouvelles.

— Moi oui, j'en ai, des nouvelles.

Je m'installai à côté de lui et il sourit assez largement pour que je comprenne son bonheur.

— Je pars en Angleterre, on va remettre un paquebot à l'eau et je m'occuperai d'y cuisiner. C'est un officier qui me recommande là-bas, un que j'ai connu sur le bateau, tu vois.

— Et Charles ?

— Oh, Charles…

Il plissa le front et réfléchit un instant.

— Charles, il est rentré au pays dès le début de la guerre. Quand ses chefs ont appris qu'il n'avait que seize ans, ils l'ont envoyé derrière les lignes, puis on l'a embarqué sur un navire pour rapatrier les malades et les borgnes.

— Tu vas pas le retrouver ?

— Non, je vais naviguer.

— Moi aussi, je voudrais.

— Je sais.

— C'est un quel bateau ?

— C'est un grand bateau. On part de Liverpool dans deux mois. Alors après-demain à seize heures je rejoins mon chef dans un bar de la ville. Le Phare, ça s'appelle. Y aura deux gars de Saint-Nazaire.

— C'est un bateau comme l'*Endurance* ?

— Non, c'est un paquebot avec une piscine, je crois, je sais plus. Mais on va faire du commerce avec New York.

— Il est blanc ?

— Noir.

— J'aime mieux blanc.

— Oui. Noir c'est bien aussi, avec une piscine, mais ce n'est pas pour une piscine qu'on navigue sur les mers, n'est-ce pas ?

Ça me plaisait qu'il me parle comme si je connaissais les océans.

— Non, j'ai confirmé, c'est pas pour ça. C'est pour quoi ?

Il a fait semblant de réfléchir avant de m'expliquer que la mer ne sépare pas les îles, elle les relie, puis il a secoué ses mains pour gommer ses mots dans l'air.

— Enfin, il a dit, ça c'est de la philosophie de mes deux, si je peux me permettre. Bon, faut que je te raconte. Un jour, j'étais petit, on vivait au bord du fleuve avec toute la famille mais j'étais tout seul à l'aimer, ce fleuve, tout seul à m'asseoir devant lui, des heures, même que les parents ils avaient peur que je devienne poète. Moi je voulais juste aller sur les bateaux. Et donc ce jour-là, j'avais quoi, dix ans, j'ai vu un petit chalutier qui transportait de la ferraille, il s'est pris un rocher et il a coulé pas loin, tu vois, il a sombré. Et les hommes se sont débattus dans le froid de l'eau pour rejoindre la berge. Et moi j'ai nagé, tu sais pour faire quoi ?

— Pour les sauver.

— Pour récupérer la figure de proue, qui se balançait entre les rochers dans les petites vagues.

— C'est quoi, la figure de proue ?

— Une tête sculptée qu'on met à l'avant du bateau et qui regarde l'horizon. Ça sourit pas, une tête de proue, ça baisse pas les yeux. Je l'ai encore. Elle était pas grande, celle-là. Et tu sais quoi ? Les bateliers, ils avaient des gueules de figure de proue en nageant vers moi. À la maison on les a séchés et réchauffés, et ma mère elle disait : « Jamais tu feras ce métier, mon fils. Tant que je vivrai, jamais ! » Alors mon père était d'accord, et il m'a appris à couper les viandes. Il était boucher, mon père, mais moi je voulais mon brevet de grand cabotage, tu comprends ?

— Ben oui. Moi aussi j'aurai ça, le grand cabotage. Tu m'apprendras.

— Y a des écoles.

— Oui, d'accord.

Il a repris mes épaules, et là il m'a regardé intensément et il a dû décider que j'étais digne de recevoir un cadeau, alors il m'a tendu une annonce imprimée sur du papier jauni. *On demande des volontaires pour un voyage dangereux. Faible rémunération, froid glacial, longs mois d'obscurité totale, danger permanent, retour sain et sauf non assuré. Honneur et prestige en cas de succès. E. Shackleton.*

Il m'a laissé lire deux fois, puis, j'ignore comment, il a réussi à me consoler de tout d'un seul coup avec les yeux, et quand il est parti je n'étais pas triste, je suis retourné dans la cour avec une tête de proue, habité par la décision très claire de m'enfuir et de rejoindre Henry au Phare ce jeudi-là, à seize heures.

Il arrive que la vie dise d'accord tu as besoin d'un pont, d'une clé, d'un mot ou d'un miracle ? Voilà, je dépose tout ça sur la table, tu te sers si tu veux.

Même pour les enfants.

Ce jeudi-là, des caisses de casseroles, de vivres et de couverts confisqués par les Allemands au début de la guerre furent entreposées le long du mur le plus bas de la cour, un mur donnant sur une ruelle disparue aujourd'hui. Et parce qu'il faisait froid encore, les pions autorisaient chacun à choisir entre cour et réfectoire. Ernest et moi, on traînait dehors à se frotter le paletot pour se réchauffer. Il me raconta son père, qui collait des affiches dans les rues pour les gauchistes. Un gendarme avait déchiré les affiches, et ce menteur d'Ernest, il m'expliquait comment son père avait versé la colle sur le képi du gendarme, qui les avait emmenés au poste tous les deux.

— Moi aussi, j'ai dit. Mais c'était du fromage qui pue.

— Sale menteur. T'as vu, les cons, ils ont mis les

caisses le long du mur. Comme on veut on saute de l'autre côté.

— Chiche. À trois.

Il a ri au lieu de compter. Moi, j'ai compté et j'ai couru tout seul, Ernest avait trois de retard. J'ai escaladé les caisses de bois et sauté par-dessus le mur avant de m'écraser sur les pavés, sans mal, un bleu ou deux à venir, des écorchures, puis je me suis mis à courir très vite parce que j'avais peur et que la peur donne froid jusqu'au cœur des os. Il était trop tôt pour le rendez-vous au Phare. Puisque je ne pouvais courir autant d'heures autour de la ville et que j'ignorais quoi faire d'autre, je me suis abrité sous un porche, et j'ai relu l'annonce de Shackleton, qui me semblait la plus belle invitation du monde.

Je comprenais tout sauf la fin : honneur et prestige. Mais je répétais à haute voix : « En cas de succès : honneur et prestige. »

Ensuite, je me suis mis à observer les rares mouvements de vie. Un chien tractait une charrette, langue basse, et derrière lui trottinait un grand type en gabardine, le visage caché par un chapeau à large bord.

— Va, va, va ! criait-il.

Et le chien soufflait, cherchait de l'air, accélérait la course. Quand ils arrivèrent à ma hauteur, je reconnus Félix, l'ami de Gustave, l'ivrogne qui nous avait annoncé le succès de l'*Atlas V*.

— Monsieur Félix ! criai-je.

D'un grognement terrible, il arrêta son chien et l'entraîna jusqu'à moi par les brides.

— Oh, c'est toi, Louis ! Je te croyais au Vertbois.

— Oui.

— Tu t'es enfui, p'tit con, pourquoi ? C'est bien, là-bas, non ? Pour les mômes comme toi. C'est pas bien ?

— Si.

— Bon, j'ai pas trop le temps, moi. Retourne là-bas, bon Dieu, tu vas crever de froid dans les rues.

— Je vais rentrer chez ma maman.

— Elle est plus là, tu la trouveras pas. Vous lui avez mangé les nerfs, ou je sais pas, les hélices de sa tête elles tournent à l'envers. Ils l'ont mise à l'asile, alors va te rendre et sois sage. Y a rien pour toi dehors.

Il repartit sur ces mots, je sanglotai, me levai avant de me rasseoir en boule tremblante.

Quelques minutes plus tard, il reparut le nez dans son manteau, et ses pas sonnaient, métalliques, des pas si bruts que je voulus fuir, mais il se tenait face à moi.

— Allez viens, dépêche.

Je le suivis sans questions jusque chez lui. Un vrai taudis, dans une ruelle écrasée par les murs d'une église. Je remarquai d'abord les deux cages contenant chacune un coq nerveux. Au milieu de la pièce, dans un grand tonneau de tôle percée, Félix jeta du charbon pour éveiller un feu près duquel il me poussa, et d'où j'observai les coqs.

— C'est des chanteurs, il me dit. Pour les concours.

— Ils sont gentils ?

— Ils sont débiles. C'est stupide, un coq. Et on s'en fout tant que ça gagne, hein ?

— Oui. Ça gagne quoi ?

— Laisse tomber. Tu comptais aller où ?

— Au Phare.

— Pour prendre un demi ? Pauvre gosse.

Il vint se réchauffer les mains à côté de moi en riant d'un rire mou et gras. Je le trouvai plus droit et moins puant que dans mon souvenir. Il cracha dans le feu puis il promit de m'accompagner. Ensuite, plutôt que de m'interroger sur mes intentions, il me promit l'enfer d'une voix qui ne veut pas faire de mal, juste avertir.

— Les gosses comme toi, ça devient de la souillure.

— Pas moi.

— Tu deviendras de la souillure. C'est comme ça quand on se sauve. Tu reçois un chemin, il est moche, d'accord, mais si tu l'acceptes pas tu te perds et quand tu te perds soit tu deviens un loup, soit tu crèves sous les dents des autres.

— Non.

— Si. Sur la terre il y a beaucoup de mauvaises nouvelles. Mais faut pas faire semblant.

— Comment vous savez pour ma mère ?

— Gustave est revenu. Il est passé chez elle et il a trouvé une femme en train de nettoyer tout, et elle lui a expliqué. Angèle, tu vois ? Elle a dit qu'elle était de la famille et qu'elle élèverait le petit Paul. Paul, c'est ça, j'me trompe pas ?

— Non.

— De la souillure aussi, bientôt.

— Non.

— Je dis pas que je lui souhaite.

La chaleur du feu et le silence m'offrirent un bon

sommeil, mais c'est dans un sursaut de panique que je m'éveillai, appelant à l'aide.

— Le bateau ! je criai. Il est parti !

— Oh ! répondit Félix. Y a pas de bateau. De quoi tu rêves encore ? Debout ! Je vais au charbon, je te dépose au Phare, c'est un bon choix pour se perdre, le Phare.

Je le suivis, les yeux mi-clos, avec cette impression de porter un oreiller dans la poitrine.

Le vent glacial me bousculait, alors je tentai de m'abriter derrière le manteau de Félix. Très vite, on se trouva devant les portes de la taverne, où il m'abandonna.

— Bonne chance, bonhomme ! lança-t-il en s'éloignant.

Je le regardai disparaître, avant de planter mon front sur le carreau. Apercevant Henry et trois compagnons aux épaules de buffle, je pensai que Félix avait raison, que je trouverais au mieux de quoi me perdre un peu plus loin et plus longtemps. J'entrai dans un grand frisson, et rejoignis la table où les marins fumaient et causaient gravement.

Se gardant bien de montrer son inquiétude, Henry me fit asseoir et commanda pour moi un café brûlant.

— Messieurs, clama-t-il, je vous présente le moussaillon Louis !

Les trois costauds me saluèrent, visiblement ébahis par tant de maigreur et de rouge aux yeux. Aux joues aussi, à cause du gel et de la rage qui gonflait en moi, parce que, môme ou pas, je comprenais. Elle était vide, la petite usine à fabriquer les pièces de mon rêve. Je ne renonçai pourtant pas à sauver la face. D'abord je laissai couler le café dans mon ventre comme de la fonte en fusion, puis d'une voix endiablée j'interrompis les rires et les sarcasmes.

— Je vais venir avec vous sur le bateau noir !

Me voyant inflexible et droit, armé d'un regard qui n'implorait personne, ils n'osèrent pas la moindre moquerie et c'est en capitaine que je les dévisageai tour à tour.

— Et que sais-tu donc faire ? aboya l'un d'eux.

— Des petites choses, mais j'apprends vite.

— Et pourquoi veux-tu voyager ?

La bête question !

— Honneur et prestige ! lançai-je d'un même ton assuré.

Mais là où je croyais signer mon embarquement, les trois devinrent goguenards. D'une main haute, Henry les fit taire avant de se pencher doucement.

— Apprends le métier et ce sera partie remise. Maintenant tu devrais retourner à l'orphelinat.

Je me tus pour qu'il se taise, avant d'insister.

— Je vous accompagne en Angleterre.

— Non. De toute façon, le programme a changé. On embarque à Marseille dans deux jours. Ce sera la Méditerranée. Transport d'immigrés, il paraît. Des Grecs.

Le plus gros se frotta la barbe et les cheveux avant de se lever, parce que c'était l'heure.

— On y va. Le camion n'attendra pas.

Et moi je dus me rendre à l'évidence : les marins abandonnent les enfants et les femmes, et se rachètent en poussant en premier dans les canots de sauvetage celles et ceux qui les accompagnent.

— C'est dégueulasse ! je criai pour me défendre.

— Mais non, promit l'un d'eux très gentiment.

Je restai là avec l'air d'aimer le café, que je comptais boire jusqu'au bout quitte à me brûler les entrailles, alors Henry pria ses copains de l'attendre dehors une minute et, dès qu'ils eurent fermé la porte, il se mit à m'insulter très vite et très bas et ça me plaisait de prolonger la dispute, une vraie dispute de père et de fils.

Tu vas rentrer. Non, je rentre pas. Où irais-tu ? Sur le bateau. C'est impossible.

Il se lassa plus vite que moi et me sortit de force en me calant sous son épaule. Retourne là-bas. Non. Un jour tu partiras. Un jour. Tu viendras me chercher ? OK.

Il vit que je le croyais, alors il s'en alla.

J'errai avec l'espoir d'être recueilli par une femme jeune et souriante qui sentirait les fleurs, mais c'est un policier ivre qui me saisit par le col. Je me réfugiai alors dans mes coudes en criant :

— Je me suis perdu, c'est pas ma faute !

Mais il savait que deux garçons s'étaient enfuis du Vertbois et répondit à chacun de mes mensonges d'un éclat de rire alcoolisé.

Le directeur me reçut en silence, un beau silence de général vaincu. Il posa sur le bord du bureau sa petite armée de doigts, puis il baissa le front. Il s'agissait moins de saluer l'ennemi que de s'offrir un temps de réflexion.

— Où est votre copain Ernest ? demanda-t-il avant de relever ses yeux inquisiteurs vers les miens.

— Je ne sais pas, monsieur le directeur. Je ne savais pas qu'il était parti avec moi.

— Vous ne saviez pas qu'il était parti avec vous.

— Non, m'sieur. Moi j'ai compté jusqu'à trois et lui je ne sais pas combien, et après j'ai couru très vite.

— Nous le retrouverons. Revenons à vous, dit-il en soulevant sa lourde tête. Où pensiez-vous aller, mon jeune ami ?

— Sur un bateau.

— C'est une obsession.

— Oui.

— Et quel bateau, cette fois ?

— Un noir, pour transporter des Grecs de l'autre côté.

— Un noir pour transporter des Grecs.
— Oui, m'sieur le directeur.
— De l'autre côté de quoi ?
— De la mer.
Il joignit les mains, s'y appuya quelques secondes.
— Je vous comprends, soupira-t-il. Tout le monde ici rêve de partir libre et léger, à l'aventure. Les murs de notre institution ne vous semblent pas un cadeau, c'est normal. Vous ne pourrez les bénir que le jour où vous les quitterez. Mais puisque ce jour-là est loin, au lieu de jouer les Christophe Colomb dans les rues glacées, apprenez la patience, apprenez la vertu, étudiez vos leçons. Quand vous serez armé pour affronter le monde, vous choisirez votre route et, qui sait, il s'agira peut-être d'une route maritime. Mon jeune ami, je vous propose une première leçon dès ce soir : douze heures à fond de cale, matelot.

Il me traîna lui-même comme un chien mort jusqu'à la cache sous l'escalier. Là, je commençai par essayer de respirer normalement et me concentrai le plus fort possible pour penser que j'étais plus costaud qu'une araignée vu que les araignées on peut les écraser d'un coup de boule, ce qu'on ne peut pas faire avec Doudou. J'étais le roi de la cachette sous l'escalier, le roi de la grande obscurité. Mais rien n'obéit dans le noir, rien, surtout pas l'imagination. Je parvins quand même à ne pas m'évanouir et, baladant avec méthode mes mains parmi les objets confisqués, je retrouvai la boîte en fer et la serrai contre moi comme une poupée en me promettant de ne pas hurler. Épuisé, je m'endormis très tôt, et c'est le pion qui m'éveilla en ouvrant la petite porte.

Pour le plaisir de m'entendre sortir en le remerciant, il me permit d'emporter la boîte, et c'est en demi-héros que je rejoignis les autres dans la cour.

Bonjour mon cher Louis,

J'espère que tu es bien sage. Moi oui, ça va. Parce que si on n'est pas sage, on va dans des maisons où on met la camisole et des fers aux pieds, Dieu nous regarde et on fait de la trépanation.

Ici c'est mieux, et on a reçu des choses nouvelles. Par exemple on ne boit plus tous dans le même bol, mais chacun dans une tasse en aluminium. Et aussi on se lave les pieds plus souvent : deux fois par semaine, avec l'inspection après, et si on n'est pas propre on recommence et on lave le bassin avec ses doigts.

On pourra aussi se laver les cheveux plusieurs fois cette année, avec un gros savon, et on a un petit bout de tarte un jour sur onze parce qu'il y a onze tables, et c'est chaque table à son tour.

Quand le dessert c'est un petit bout de chocolat, c'est pour tout le monde, mais les grandes le volent parce qu'elles ont encore faim. Ou bien on a deux morceaux de sucre et on les laisse fondre dans un verre.

Les débiles, elles reçoivent un œuf par semaine. Alors

mon amie Jeanne, elle a dit : « Moi je suis débile aussi, j'en veux un, d'œuf. » On a toutes ri dans nos chemises, mais pour apprendre à ne pas réclamer, elle n'aura plus de dessert. Moi je lui ai donné un de mes sucres.

La chère sœur qui voulait bien qu'on parle tous les deux, tu te souviens ? C'est mon amie aussi. Hier il y a une grande qui m'a giflée parce que je ne lui avais pas dit vous. Ça sifflait dans mon oreille et je suis tombée par terre. Eh bien, la chère sœur, elle ne m'a pas punie moi, elle l'a punie elle, et maintenant toutes les filles se disent tu, c'est drôle !

Voilà, c'était les nouvelles d'ici.

J'aime bien écrire parce qu'on ne parle jamais sauf le dimanche après la messe. Pendant les promenades on ne parle pas non plus, on se tait et on regarde bien devant soi, et on tient son chapeau qui ne tient pas. Quand il y a du vent, si on ne le tient pas il s'envole et on court, ça j'aime bien. On rattrape le chapeau, on rit. Le mieux, c'est quand un passant le ramasse pour nous, après ça le chapeau c'est un trésor sacré. Mais si on le perd, c'est la punition : un coup de poing sur le crâne pour se souvenir.

Moi je fais bien mes prières et j'en invente. Il faut dire un grand merci au Seigneur Jésus qui nous regarde partout, parce qu'on a bien de la chance. Notre méchante mère nous a abandonnés et elle est livrée à la folie, au remords, c'est Dieu qui la punit. Un jour elle viendra à genoux en criant pardon pardon et on dira non, c'est trop tard.

Je dois arrêter la lettre, c'est l'heure de la leçon de danse. On va nous en apprendre une nouvelle. Plus tard je serai une chère sœur aussi et je punirai les méchantes, je serai comme la sœur qui nous avait rassemblés. Elle est très belle.

Obéis bien à tout le monde, Louis. On se verra peut-être à la prochaine fête de Sainte-Barbe, ou dans un grand défilé pour les morts.

Je te fais des gros bisous.

Rose

Je ne lui ai pas répondu. J'avais peur, comme si on avait volé une partie de sa tête, un de ses yeux. J'aurais pu répondre que ça changeait pour nous aussi, qu'on recevait une pomme après le repas du dimanche, mais qu'on se taisait aussi sauf à la récréation, où on disait surtout des bêtises, sauf du temps où Henry était avec nous.

Il m'écrivit également, depuis Messine, au milieu de cet été 1919. Et s'il m'avait laissé une adresse, je lui aurais répondu, mais il n'en avait plus.

Ce qu'il m'écrivait, c'est que le *Chaouian*, le bateau noir, il avait rencontré une mine et chaviré au large de la Sicile. Et il tenait surtout à me faire comprendre qu'il m'avait sauvé la vie en m'empêchant de le suivre, ce que je pris pour un mensonge puisqu'on sauve les femmes et les enfants d'abord, et que lui n'avait pas péri. De plus, un vapeur anglais avait sauvé l'essentiel de l'équipage.

Outre le fait qu'il souhaitait ma reconnaissance éternelle, j'apprenais que l'on peut mourir de la guerre après la guerre, et pressentais que je rêverais toute ma vie de survivre à un naufrage.

Mon adolescence me laisse un goût de sécheresse, d'hiver sans jeux où l'on attend une surprise, un dimanche différent de tous les autres dimanches. Je prenais le temps d'aimer ce qui me permettait d'inventer, chassant les équations et les calculs parce qu'ils ressemblaient à notre enfermement, j'écrivais des histoires de loups tués dans leur sommeil, et m'attardais à la fenêtre. L'horizon devenait flou, il vivait au bout de la mer, lui aussi, cette mer de plus en plus lointaine et légendaire. Dehors on ne se battait plus, les hommes reconstruisaient, greffaient aux blessés des prothèses de bras pour qu'ils travaillent la terre. Je pensais que ce serait bien, quand je sortirais, qu'on enseignerait la paix dans les écoles, que les gens seraient calmes et regarderaient le contraire de ce que l'on voit sur les champs de bataille. Chassant les mouches et les poux, je pensais au fleuve, à ce qu'il transportait enfin, aux mouettes, à la bonne pluie, aux filles, au rire galopant des filles, à leurs secrets.

Mais lorsque j'atteignis mes dix-huit ans, il me sembla craindre la liberté plus que je ne la chérissais. « Tu sais, m'avait dit Doudou après une punition qui le fit boiter longtemps, vu d'en haut les murs ont l'air de rien, c'est que des petits traits sur la ville, c'est pour ça que je rêve que je vole. » Il cracha sur les souliers du pion quand l'heure vint pour lui de nous quitter, et l'on apprit trois mois plus tard qu'il était en prison.

— Bonne chance, me dit le directeur avant de bredouiller quelques mots d'adieu que je n'écoutai pas.

Le 7 mars 1928, il m'ouvrit lui-même la porte qui se referma dans un bruit terrible.

Je m'attendais à errer seul sous le vent trop froid qui bégayait, mais Angèle m'attendait sur le seuil, le petit Paul battant des sabots à côté d'elle. Elle me salua d'une voix enfantine.

— C'est qui ? demanda Paul.

— C'est ton frère, grand nigaud, je t'ai expliqué, non ? Ton grand frère Louis.

— Pourquoi ?

Je m'accroupis, approchant mon nez du sien.

— Tu me reconnais, là ?

— Laisse-moi, grogna-t-il.

Son regard m'avertit qu'il ne m'aimerait pas.

— Dépêchez-vous, grand Dieu ! souffla Angèle. Vous allez me faire attraper la fièvre.

Je m'éloignai de l'orphelinat en me retournant sans cesse, muet, perdu dès le premier pas. Je n'avais pas connu de telle peur avant ce matin-là. Je sortais de nulle part, j'entrais partout, la ville vivait merveilleusement, et je m'étonnais des visages étranges en promenade.

Pendant que nous attendions le trolleybus, Paul ne

me quitta pas des yeux mais son regard méchant ne me dérangeait pas, et puis j'étais très occupé à lire chaque enseigne.

— J'ai fait de la fricassée, expliqua Angèle. J'ai eu du lard et de bons œufs. J'espère que tu feras honneur. On ne t'a pas appris à parler, à l'institution ?

— Si.

— Tu es devenu costaud, j'aurai du boulot pour toi. À moins que tu préfères la fonderie. Tu te souviens de Gustave ?

— Oui.

— Il peut te faire engager. Tu as appris le métier, non ?

— Un peu.

— Il t'apprendra le reste.

Le voyage en trolley m'inspira autant de haine que de plénitude. Malgré la noirceur des rues je voulais tout embrasser, écouter le bruit des pas, et que des gens me disent bonjour, peut-être même bonjour monsieur, trouver le vertige de ceux qui se perdent, m'arrêter sur les ponts, me pencher vers le fleuve, j'inventerais des jardins pour les autres, puis je monterais sur des rafiots avec des écussons au gilet, des airs de capitaine, je dirais que la mer est une amie d'enfance, je le dirais une seule fois et le monde le croirait.

— T'étais en prison ! cria Paul.

— Mais non, répondit Angèle.

Mais non. Rien de plus, pour laisser un doute dans le crâne du petit frère. Je ne voulais pas de cette tante sans affection, sa main tenait celle de Paul comme un sachet de commissions trop lourd, et ses petits yeux, je voyais bien qu'ils étaient lâches, et qu'ils ne trouveraient jamais la détresse des miens.

Je reconnus l'église et la grande maison. Angèle habitait aux abords des premières bonnes terres de la plaine, dans une bâtisse écrasante, sombre, à son image.

À peine rentré, je m'assis sur la chaise où j'avais tapissé de fromage le casque allemand. La tante ôta son chapeau, défit ses longs cheveux noirs et, semblant m'ignorer, alluma la lampe à pétrole au-dessus de la table, raviva le feu dans le gros poêle de fonte puis déposa devant moi un panier de pois à écosser pour les plantations à venir.

Paul se mit à jouer seul dans un coin obscur avec une queue de singe pelée, cadeau d'un voisin revenu d'Afrique.

Ses tâches achevées, la mégère s'assit en face de moi, les doigts croisés sur la table.

— Tu es là parce que j'ai promis à ta mère de ne pas te laisser à la rue.

— Elle est où ?

— Nous irons la voir.

— Et Rose ?

— Toujours à Sainte-Barbe. Vous ne vous écriviez pas ?

— On s'écrivait un peu, dis-je en baissant les yeux.

— J'ai quatre pans de terre à cultiver, seule ou presque. Alors tu penses si tu es le bienvenu.

Gustave poussa la porte au même instant. Chapeau bas, il salua d'un signe de tête.

— Te voilà déjà, grommela Angèle.

— Avec ce froid.

Pendant qu'elle nouait un tablier, il prit sa place en face de moi, le temps d'étudier mon visage, le temps pour moi d'inspecter le sien, flasque et veiné de mauve. Des rides profondes isolaient le menton en île verte, et dans le regard pâle je ne lisais rien d'héroïque.

— Alors, mon neveu, vous voici fait !

— Il était en prison ! cria Paul.

— Tu n'as peut-être pas appris à parler, s'exclama Gustave puisque je ne répondais à personne. Sais-tu que ton oncle est un héros ?

— Oui, je vous avais vu embarquer sur l'*Atlas*, mon oncle, et je sais que vous n'avez jamais quitté Maastricht.

— On me proposait du boulot. Et je suis un pacifique, moi ! La guerre, je suis pas pour. Là, c'est moi qui viens t'en proposer, du boulot. Tu as appris le travail de la forge, non ?

— Un peu.

— Je t'apprendrai le reste. On forge à Ciney. Ce n'est pas tout près d'ici, mais je peux te trouver une piaule. On regroupe les artisans dans une même fabrique, avec une invention qui va faire causer jusqu'en Amérique, mon petit gars ! Le calos, ça s'appelle. C'est un poêle où on met du charbon maigre. Ça fait des économies. Les gens, ils veulent faire des économies. Et vu qu'on est en usine, on achète en gros et ça fait encore des économies, tu comprends ça ? Tu as appris l'économie ?

Je t'emmène là-bas si tu veux. Faudra faire tes preuves, et après ça t'as un job à vie, mon petit gars.

— C'est très gentil de votre part, mon oncle, mais j'ai à faire dans le coin.

Voyant le sourire narquois d'Angèle, je précisai :

— J'ai des gens à voir.

— Des gens ? Parce que tu connais des gens, toi ?

Question de me détourner de ses yeux baveux et arrogants, j'écossai quelques pois.

— On en reparlera, souffla Gustave. Sers-nous la goutte, Angèle.

Leurs yeux étaient semblables, courts, sans lueur, je repensai aux mots de ma mère. L'argent, disait-elle. Voilà ce qui les unit, ces deux-là. L'envie de remplir leurs tiroirs. Angèle fit claquer deux verres sur la table, versa une rasade de péquet avant de s'asseoir devant nous. Je les dévisageai puis grommelai qu'il me restait une sœur.

— Elle refuse de quitter Sainte-Barbe, répliqua Angèle. Elle a aspiré le goût et l'odeur des murs, elle prend la misère des gamines pour sa maison.

— C'est à son honneur, dis-je sans y croire.

— Tu parles d'honneur.

— J'irai la voir demain.

— Tu lui diras que martyre n'est pas un métier. Cette sainte-là, cette sainte Barbe, elle a préféré laisser les païens lui arracher les seins et la tête plutôt que d'abandonner sa foi. Tu lui diras.

Je me levai pour les voir tous les deux de haut.

— Je vais me balader, j'ai besoin d'air.

— Tu vas me revenir malade.

Je m'en allai au hasard, en me promettant de ne pas rentrer avant d'avoir parlé à Rose, mais après quelques dizaines de pas dans le noir, je sentis ma gorge et mon ventre se nouer comme de la mauvaise corde et je me mis à trembler. Cloué au milieu de la route, je gémissais en cherchant une lumière apaisante, et je pleurais à la fois de peur et de haine, avec autant de douleur que le jour où Joseph avait vacillé sous les gifles du pion.

La force que je trouvai me permit seulement de faire demi-tour et de rentrer chez Angèle, qui ne m'accorda pas un regard. Elle continuait de sortir les pois de leur gousse. Gustave fumait et coiffait à pleins doigts ses cheveux rares et sales.

Quant à Paul, il était endormi au pied de la table, la queue de singe sur le ventre.

— Déjà de retour, grommela l'oncle.

— Oui, je répondis. Ça caille.

Angèle ricana avant de montrer Paul du nez.

— Au printemps, s'il continue de jouer les mauvaises herbes, il ira te remplacer au Vertbois. C'est que ça me coûte, moi, un morveux à nourrir. Va le coucher, ta chambre est prête au second. Essaie de la garder propre.

— Je voudrais parler à Rose.

La sœur fronça les sourcils, mâcha du silence et remua sa tête de chèvre dans l'entrebâillement de la porte.

— Je suis son frère.

— Et que lui voulez-vous ?

— J'apporte des nouvelles de la famille.

Elle réfléchit, l'air soudain empaillé, puis elle m'invita à patienter dans une pièce basse au fond du grand couloir, où je dus attendre une vingtaine de minutes avant que Rose n'apparaisse, légère et le visage paisible. Elle m'embrassa sur les joues, et je refusai de m'asseoir lorsqu'elle m'y invita puisque j'étais venu pour l'emmener.

— Rose, tu dois venir avec moi. Faut pas rester ici.

Elle me sourit comme à un cancre à qui tout doit être dit cent fois.

— C'est ma place, Louis.

— Non. Il y a une vie dehors.

— Et qu'as-tu choisi de vivre, toi ?

— Je sais pas, Rose. Mais j'ai besoin de voir le monde.

— Voir le monde.

— Voir du pays, quoi.

— Voir le monde et voir du pays, c'est bien différent.

— Je peux travailler au champ avec Angèle, ou à la forge, pour fabriquer des calos. C'est des poêles pour faire des économies. C'est l'avenir, tu vois.

— Des poêles.

— Oui. Avec ça je mets de l'argent de côté, et puis je me tire, quoi. Peut-être au Canada. On a bien le droit de penser à nous, non ? Après ce qu'on a vécu.

Elle secoua la tête et joignit les mains.

— Tu te souviens, dit-elle, quand le fleuve a débordé, il y a trois ans ?

— Ben oui je me souviens.

— Nous dormions. La surveillante a entendu un bruit de rivière, elle a crié, et on s'est mises à patauger dans l'eau si froide, et noire, et sans nous plaindre, sans panique, on riait même autant que possible, on a sauvé ce qu'on pouvait en commençant par le charbon et les pommes de terre. Seulement, après deux semaines de travail, c'est le fleuve lui-même qui rampait dans les caves. Alors nous sommes retournées au lit en plaisantant, les pieds mauves, meurtris. Pendant dix jours, on a vécu sans lumière et sans repas chauds. Quelques figues et du pain, et des biscuits de soldats.

Rose continuait de sourire, avec des frissons sur les lèvres et les paupières.

— Un de ces jours-là, dit-elle, on a entendu un cri, encore, venant de la place. C'était une jeune femme enceinte qui appelait au secours, les bras protégeant son ventre. Deux hommes en barque l'ont couverte de leurs paletots et l'ont emmenée, cette Marie. Jamais je n'avais rien vu d'aussi tragique et d'aussi beau.

Elle se tut, le regard vague, alors je l'invitai à en venir au fait.

— Des rats noirs gros comme nos avant-bras sont apparus dans les couloirs quand l'eau s'est retirée, et on nous a interdit de sortir parce qu'on risquait de promener des maladies contagieuses. Un soir où je me trouvais avec sœur Geneviève, tu sais, celle qui nous avait permis de parler un peu lors de la fête de Sainte-Barbe, on voulait allumer un feu de bois, et il refusait de prendre, le feu. Tout était gorgé d'eau, l'humidité nous rongeait les os, on grelottait jour et nuit, et les rats se multipliaient. Eh bien, ce soir-là je lui ai promis de ne pas quitter Sainte-Barbe, de travailler à ses côtés pour défendre les gamines contre les rats noirs et les crues, les maladies, la peur.

— Mais qu'est-ce que je deviens, moi ? Je parle à qui ? Hein ? Je fais quoi, tout seul ?

— Tu visites le monde, tu vois du pays, et tu viens me raconter. D'accord, Louis ?

— Non ! Je peux pas être d'accord. Si une gosse rentre sans chapeau, tu feras quoi ? Tu la battras pour lui apprendre ?

— On a des bérets, à présent.

— Alors sans béret, on s'en fout. Tu feras quoi ?

Elle souleva le menton et prit pour me répondre une mine froide.

— Les enfants ont besoin de discipline. Il y a de très mauvaises filles qui nous arrivent, des filles de basses mœurs, qui apprenaient le vice dans les cabarets de leurs parents, des parents sans âme et sans cœur. Ici, vois-tu, j'ai plus souffert des aînées que des sœurs et de leur autorité, si tu savais… Le nombre de menaces, de coups de coude et de desserts volés. La priorité, c'est de protéger les plus fragiles. Ça demande parfois de sévères punitions. Et celles qui refusent de se conduire mieux savent qu'il existe des maisons bien plus dures que la nôtre. Il suffit que l'on évoque La Discipline, à Bruges, ou la Maison de Tournai, pour que les moins stupides se calment.

Je me levai en secouant la tête. Entre l'envie de fuir et l'envie d'insister, je passais de la porte aux yeux de Rose, et à cet insupportable sourire de sainte gravé sur son visage, un visage où je cherchais des souvenirs d'enfance, où je rêvais de voir cette moue de grande sœur à la fois bienveillante et fâchée. Mais elle avait gommé tout cela et sa voix me paraissait un chant de chorale, un chant béat qui ne rassurait qu'elle.

Nous étions séparés.

Le comprenant autant que moi, elle me serra contre elle une seconde avant de soulever mes mains en calice, et je dus lui promettre de revenir.

— Sûr, je reviendrai.

Elle dit : « Que Dieu te garde et te protège », et je ne répondis pas. Je m'en allai sur les quais, le regard à nouveau plongé dans le fleuve très lent, brunâtre, charriant des bouts de bois, des branches mortes. Et je sentais que mon corps en marche portait entièrement le poids d'une mission trop précise.

J'allais voir le monde, oui, le beau du monde, le grisant, les rives, les couleurs, et je ramènerais tout cela et le déverserais dans le parloir étroit de Sainte-Barbe. Et là, Rose nouerait ses cheveux et son balluchon pour me suivre.

Le jardin encerclait la maison d'Angèle. Gustave prétendait y mettre de l'ordre du bout des cisailles, mais il s'occupait surtout à préserver des rosiers splendides dont il parlait comme de grands vins, le reste vivant à la diable : sorbiers, haie de noisetiers, plans de vignes insoumis, et partout des ronces et du liseron creusant les murs. Angèle me parla de lui un soir où il ne rentrait pas. J'appris par elle qu'il avait souhaité l'Afrique, mais il était tombé malade, alors il avait épousé une pauvre femme qu'il battait à l'occasion, elle en eut le ventre meurtri et ne put rien mettre au monde que ses larmes, il voulut trouver de l'or, n'en trouva pas, il ne trouva jamais rien, fut blessé à la guerre, et retourna vers les Pays-Bas sur ce bateau. « Et tu connais la suite. Il m'aime bien parce que je ne me laisse pas toucher. Tu comprends ? Et il s'occupe du jardin. »

Dans un angle, sur une dalle, elle avait mis des clapiers. La terre autour d'eux demeurait sans vie, on y voyait rouler quelques araignées noires, et la pluie donnait une boue collante qui bavait dans l'herbe. C'était l'endroit préféré de Paul.

Je le rejoignis un jour où il s'amusait à capturer des perce-oreilles pour les obliger à combattre. Il mettait en scène un conseil de guerre, les jugeait pour abandon de poste et les décapitait à l'aide d'un éclat de lame rouillée.

— Loulou ! cria-t-il en me voyant. Faut que tu m'apprennes à éplucher les lapins. Tu m'apprends ?

— Pourquoi ? Tu as faim ?

— Ben non j'ai pas faim.

— Je suis venu te parler.

— Faut faire la queue.

— Je suis seul.

— Tout le monde il veut me parler.

— Tu as de la chance.

Il fit un signe agacé de la main, un grand « non » tracé dans l'air.

— Tu as volé dix francs à Angèle la semaine dernière.

Le même geste, qui ne niait pas mais refusait l'échange.

— Tu en as fait quoi ? Réponds. Les dix francs, tu en as fait quoi ?

Il entonna « Saint Nicolas patron des écoliers », tout bas sur les premiers mots, puis de plus en plus fort, jusqu'à hurler, son nez à un pouce du mien : « Je serai toujours sage comme un petit mouton ! » Ensuite il frotta le grillage des clapiers à l'aide d'un bâton pointu, chantonnant encore, à genoux sur la terre.

— J'ai acheté des cigarettes, dit-il enfin. C'est un problème ? J'ai treize ans.

— On dirait pas. Moi ce que je vois c'est un gosse de quatre ans qui fait des âneries.

— M'en fous.

— Angèle te mettra dans une institution si tu t'en fous.

— Elle le fera pas, je travaille pour elle.

— Trop peu. Surtout maintenant que je suis rentré.

— Je l'éplucherai si elle veut me mettre au Vertbois.

— Le Vertbois, c'est pas le pire.

— C'est comment ?

Je m'assis sur le tabouret qui lui servait de table de décapitation et me frottai le menton sans répondre pendant qu'il bousculait les lapins de la pointe du bâton.

— Tu les as fumées, les cigarettes ?

— Si ça se mangeait, dit-il, je les aurais mangées, mais ça se mange pas, si ?

— D'accord, question idiote.

— Te le fais pas dire.

— Maintenant tu fais gaffe.

— De quoi je fais gaffe ?

— Question idiote.

— Le Vertbois, c'était comment ?

— Silencieux. Un silence de mort. À table, au dortoir. Et jamais tu sors. Tu as raison, c'est des prisons, ces maisons-là, je peux pas mieux dire, tu manges ce qu'on te donne, tu prends des coups, tu dis merci, tu dis pardon, et tu attends.

— Tu attends quoi ?

— De sortir. T'attends de sortir. Je me suis évadé,

un jour. C'est un agent qui m'a reconduit là-bas, c'est ça que je dis, c'est la prison.

Parce qu'il entonnait tout bas un chant de Noël, je le laissai au fond du jardin.

— Tu faisais quoi ? grinça Angèle.

— On causait. Il s'excuse pour les dix francs. Il le fera plus.

— Qu'il me vole un seul centime et je le dénonce et ce sera le tribunal de la Jeunesse.

— Il fera plus, je te dis.

Quatre jours plus tard, un gendarme vint nous annoncer son arrestation. Trouble de l'ordre public. Il avait fumé au passage d'un corbillard, et sans ôter son béret. Le tribunal le condamna à plusieurs semaines de redressement aux Lilas : un centre proposant une approche nouvelle, disait-on. Psychologique. Il s'agissait de « pénétrer l'âme des enfants pour en dégager les voies d'accès ».

Au bout de deux mois, Angèle reçut un courrier qu'elle fit claquer devant moi sur la table.

— Tu vois ? C'est le rapport des Lilas. « Arriéré scolaire, grave retard dans l'évolution psychologique. Instabilité. » Ils m'auraient demandé, je leur aurais fait, moi, leur rapport. Un instable et un arriéré, qu'est-ce que j'ai passé mon temps à te dire, hein ? Il est transféré à Saint-Hubert et là, il va chier du petit bois, c'est moi qui te le dis.

— Il a fumé une cigarette pendant qu'un corbillard passait. Me dis pas que ça mérite l'enfermement. Ça mérite pas.

— Il foutait rien de toute façon. Et c'est comme ça. Les gosses qui font jamais rien de rien, ils sont capables de tout. Alors s'il y a des endroits pour les éduquer, eh bien qu'ils l'éduquent, et s'il me revient convenable, alors je m'occuperai de lui.

— Et ma mère, elle est où ?

— Votre mère ? On ira la voir demain. C'est le jour des visites à l'asile.

Angèle prépara un lapin au vin rouge. Elle aimait couper la viande, et elle aimait le vin. Gustave aussi, ça lui mettait de la braise dans le regard, ça lui secouait le corps et ça le rendait bavard.

— Tu sais ce qu'il a dit, le Jules, aux Boches qui voulaient son bateau ? Il a dit : « Parole de Belge, demain, il naviguera ! » Un truc du genre. « Parole de Belge ! » C'est pas beau, ça ? Et dans la nuit on passait la frontière. Comment ils nous ont pas vus partir, ça, j'en sais rien. C'est juste à Argenteau que les balles ont commencé de pleuvoir. Et Jules il rigolait là-haut, il continuait de les défier pendant que les rafales crevaient l'eau noire. « Trop petits, vos tirs, les amis. Trop petits ! »

Gustave fit une pause pour se rincer la voix, puis il chercha mon regard, qui fuyait le sien.

— Un vrai chef de guerre ! gronda-t-il. Il a crevé un pont-barrage, coulé un bateau-phare et un canot. Et nous dans les cales, on croyait que c'était notre dernière heure, quoi. Moi j'essayais de rassurer tout le monde.

Angèle jeta un ricanement du tonnerre.

— Toi tu rassurais tout le monde !

— Parfaitement, moi je rassurais tout le monde. « Ça va, je disais comme ça, on va passer ! » Il a encore brisé des câbles et des chaînes tendus à la frontière. Et là les habitants, ils avaient entendu les tirs et ils étaient tous là sur la berge à hurler not'gloire, quoi ! Un délire quand on est sortis de l'*Atlas V*. On n'en croyait pas nos yeux de voir encore les rires, et d'être en vie. Oh, pourquoi tu fais la gueule, mon garçon ? C'est une grande page d'histoire, que je te raconte !

— Ouais, j'étais là avec Rose, je te l'ai dit. Couché dans l'herbe. Je voulais monter à bord mais elle a dit non, il fallait rentrer, elle avait froid.

Il sembla me trouver misérable et me dévisagea comme si un destin maigre et bête gravé sur mes traits annonçait la lente défaite de ma vie entière.

— C'est mieux que tu sois pas venu. C'était un voyage d'hommes.

Je haussai les épaules et repoussai mon assiette.

— Il a vu sa mère ce matin, expliqua Angèle, qui ne manquait pas d'appétit.

— Ah ouais ?

Il hésita à prendre de ses nouvelles, parce qu'il avait une belle histoire à poursuivre. La bouche pleine, il marmonna que c'était bien triste, tout ça, et qu'il valait mieux sans doute ne pas trop en parler. Je le lui accordai, resservis du vin à chacun.

— Alors donc, à Eijsden c'était la fête, tu disais ?

— Et comment !

— Et toi, tu es resté là.

Il tenta de lire sur mon front si je le jugeais, fronça les sourcils et reparla de la paix, qu'il nous fallait défendre. Son discours mit Angèle en fuite. Elle chahuta des casseroles en marmonnant un chapelet d'injures et des « Je t'en ficherai, moi ! C'est tous ceux qui sont pas foutus de se battre qui sont pour la paix ! »

Gustave choisit de l'ignorer, haussant un peu la voix pour causer de politique, question de lui reclaper le bec.

— Les Américains, ils ont écrit un texte où il est dit que la guerre est hors-la-loi, et ils veulent faire signer à tous. Et les Américains, ils ont du pouvoir, leur parole, c'est du métal.

— Ils ont signé, les Boches ?

— Ça viendra.

Le nez à la vitre, Gustave chercha l'heure qu'il devait être, puis il enfila sa gabardine.

— Ne me reviens pas saoul, grommela Angèle.

— Tu sais que ça me plaît pas de rentrer ivre, sauf quand on me l'interdit. Alors *please* !

Dès qu'il fut parti, Angèle s'installa en face de moi, tâtant mon regard. Ils avaient cette manie, tous les deux, de chercher à déchiffrer mes pensées.

— Raconte, siffla-t-elle. Comment elle va, ta mère ?

— T'as pas voulu venir et maintenant tu demandes ?

— Ça me déprime de la voir, mais ça m'empêche pas de me faire du mouron, qu'est-ce que tu crois ?

— Elle ne va plus, lui dis-je en ajoutant un petit signe de la main tournant à hauteur de ma tempe.

— Ça, je le sais. Elle serait pas là-bas.

— Elle voulait pas venir au parloir.

— Ah bon ? Quand c'est moi, elle vient.

— Elle est venue finalement. Elle m'a dit : « Comment vont les affaires ? » « Quelles affaires ? » j'ai dit. Puis j'ai demandé pourquoi elle était là, et elle a répondu qu'on l'avait abandonnée.

— C'est un comble. On s'occupe bien d'elle, là-bas, non ?

— Je sais pas. Elle m'a dit que les serviettes sentaient le fromage et qu'il y avait des croûtes d'aliments sur les assiettes, et des cheveux dans le potage, tellement que c'était fait exprès. Elle m'a dit aussi qu'elle ne criait plus vu qu'ils lui ont enlevé tous les organes.

Angèle éclata de rire en s'excusant, avant d'en redemander, penchée vers moi, la poitrine sur la table.

— C'est tout ?

— Elle ne tape plus de grands coups sur le parquet, et si elle continue d'être gentille ils la changeront de quartier.

Là, Angèle devint pensive, elle se redressa et para son visage d'un sourire triste qu'elle aimait bien porter pour qu'on la plaigne, le soir, avant le coucher.

— Tu sais, fredonna-t-elle, c'était devenu impossible. Abandonnée, c'était sa petite rengaine. « Je suis là, moi, je lui disais, je m'occupe de toi. » Mais je crois qu'elle avait choisi son malheur, on ne pouvait plus rien contre ça. Un jour je lui ai crié dans les oreilles que c'était elle, elle qui vous avait abandonnés alors que vous étiez pas méchants, hein, pas bien exigeants, elle pouvait vous nourrir de peu, c'est pas vous qui alliez réclamer.

Vous étiez pas comme Paul. Lui, il a le sang mauvais depuis qu'il est né. Sa peau, elle était mauve clair à la naissance, il paraît. C'est pas une couleur de la bonté, ça, hein ? Et là, j'ai dit : « Tu t'abandonnes toi-même, t'abandonnes tout. » Elle n'a pas supporté de ramasser la vérité à l'intérieur de sa tête. Elle a cassé le pot de grès avec l'eau potable, y en avait partout. Et elle voulait me tuer avec une cuillère en bois.

Après un long silence, je lui demandai depuis quand elle fricotait avec Gustave.

— Bah, on fricote pas vraiment. Quand il est rentré de Maastricht, il est venu ici me saluer, prendre des nouvelles de tout le monde vu que j'étais à peu près la seule à en avoir, des nouvelles. Et on a pris l'habitude. Il est revenu, il s'est mis au jardin, il s'est occupé des roses, il pouvait pas mieux faire. Tu comprends ?

— Je comprends quoi ? L'habitude ?

— Les roses, Louis.

— Ah, les roses…

Angèle me laissa l'essentiel du travail de la terre, mais je regardais plus souvent le ciel que la terre et je pestais contre l'insecte, le soleil dur ou la maigreur d'un plant. J'aimais les coquelicots et le mouron rouge, ça oui, j'en aurais semé autant que possible pour colorier le monde et laisser tout éclore au hasard des averses, m'asseoir ensuite et m'étonner, mais sarcler et planter droit, ce n'était pas un métier pour mes mains.

Avec le bois on sait à quoi s'en tenir, on étudie la peau, la fibre, on s'adapte à lui pour le maîtriser. À la forge aussi, l'eau et le feu font leur boulot, on bat, on presse, on moule, et on sort des pièces identiques, on ne s'inquiète pas pour un matin de givre.

Si je restais chez Angèle, au lieu de suivre Gustave à Ciney, si je restais là, auprès de cette femme qui pourrissait l'air de ses sarcasmes, c'était en attendant de trouver la raison suprême de partir, la raison pour laquelle on perdrait la vie.

Il m'arriva de songer que cette raison-là pouvait s'appeler Jeannette. C'était la fille d'un journaliste connu et d'une mère arc-boutée autour d'un sourire maussade. Ils descendaient la rue ensemble chaque dimanche après la messe pour aller sur le marché de la Batte, et Angèle les annonçait :

— Voilà les Dahousse qui font leurs fiers ! Regarde-les !

Je la regardais. Elle souriait autant que sa mère, mais d'un sourire dehors, à se réjouir d'être là dans sa vie douce, avec ses souliers propres et des rubans d'écolière. Elle devait avoir seize ans. Ce que je regardais, c'était ses boucles blondes et serrées couvrant les épaules, et qui n'auraient pu céder à la mode des cheveux courts. Sa mère en faisait des pantoufles, nom de Dieu, on aurait dû la condamner pour ça. Elle s'en couvrait les pieds pendant la saison froide.

Un jour, je trouvai le courage de poser en homme sur le seuil de la maison, appuyé au mur, les mains dans les poches. Elle choisit ce jour-là pour marcher de mon côté, décrochée du bras de sa maman, et elle leva les yeux vers moi, à peine car elle avait presque ma taille. Dans son regard j'étais un étrange petit animal du bord des routes, que novembre faisait trembler, ou un paresseux pas fichu de saluer une fille dignement, mal ajusté dans un corps gauche, un type affreusement banal qui n'avait même pas navigué sur une barque, même pas sur la Meuse, voilà ce que je lisais dans son regard, alors il n'était pas venu l'instant où je lui dirais bonjour mademoiselle vous êtes la raison suprême pour laquelle je pourrais partir.

Je rentrai en riant de mon sort, songeant que mourir

n'était pas si grave. Trois minutes plus tard, Félix arriva. Il me fallut quelques secondes pour le reconnaître, barbe taillée en pointe, oreilles et narines débroussaillées, habits sans taches. Mais je balayai mes doutes lorsqu'il crachota de sa voix pleine de grumeaux.

— Je viens de croiser les Dahousse.

— Ah, ceux-là, geignit Angèle.

— Ouais.

Elle servit du café qu'il mélangeait à la goutte.

— Gustave arrive, il est à la messe.

Angèle avait renoncé à l'Église. Son homme comptait parmi les premiers soldats à s'être effondrés dans la poussière de Visé au côté du soldat Fonck, un cavalier cité en héros.

— Tu vas aux coqs ? demanda-t-elle.

— Tout à l'heure. Des nouvelles de Paul ?

— Il a fugué, on l'a repris, il a frappé un petit et maintenant il est à Ciney.

Félix leva ses yeux de loup, il partit cracher sur le seuil puis revint en secouant la tête.

— Faut pas le laisser là-bas.

— Il s'y est mis tout seul.

— C'est quoi, Ciney ? je demandai.

Angèle crut bon de répondre :

— C'est une maison pour les petits inadaptés de son espèce.

— Ouais, gronda Félix, on s'en fout de ce que c'est, ça va le casser en cinq. Il reviendra en chiffon.

— Comment tu sais ?

— Ça te regarde ?

— Je sais pas.

— Non, ça te regarde pas.

Alors que tout me renvoyait à la solitude, un pli me fut livré dans l'heure suivante en provenance du Vertbois. Métivier m'annonçait qu'il devait passer par Liège pour un nouveau rendez-vous au Phare. Et cette fois, je pouvais le rejoindre.

C'était quatre jours avant Noël. Je pris un tram en fin de journée pour le centre-ville et le rejoignis au bar où il fumait voûté sur une bière. Avant même que je n'arrive à sa hauteur, il commanda un demi pour moi, posa la cigarette au bord d'un cendrier et se leva pour me faire l'accolade.

— Je suis sacrément ému, dit-il.

Je l'étais plus encore, mais j'en avais la gorge cousue.

Après le premier verre et les premiers rires, j'en vins à lui demander pourquoi il était encore chez nous. Il fit mine de ne pas comprendre ma question, mais je voyais dans son regard une sorte de folie douloureuse. Il essayait d'en sourire, hochant la tête pour trouver une issue dans les murs ou les miroirs du bar.

— C'est Charles ? demandai-je. Il est jamais retourné au Canada, c'est ça ? C'est pour ça que tu traînes en Europe, c'est pour éviter de retrouver ta maison vide. Je me trompe ? Et moi je le remplace.

Il étudia mon résumé avec un mélange de tristesse et d'admiration, oscillant d'une moue à l'autre.

— Je sais pas, finit-il par marmonner.

— Tu sais pas s'il est mort ?

— Je sais pas pourquoi je garde le contact avec toi.

— Bon, c'est pas important. On est là, on prend un pot…

— Oui. C'est pas important.

Il vida d'un coup sa pinte à la santé de ce dont on ne parlerait plus.

— Tu sais ce qu'il me racontait, Tom McLeod, tu vois, le copain qui a fait le voyage avec Ernest Shackleton ? Il me racontait que les marins qui meurent en mer, ils n'ont pas le temps d'aller au paradis. Les goélands prennent leur âme. Et leur cri, c'est la plainte du marin, et ils passent leur temps à gueuler au-dessus des rivages parce qu'ils cherchent le corps échoué, tu comprends ?

— T'as failli te noyer là, c'est ça ?

— C'était un cauchemar, gamin. Un vrai cauchemar. Pas comme un bateau qui coule doucement pendant que les canots de sauvetage s'éloignent vers la plage. La mine a déchiqueté la coque. Tu vois, le *Chaouian*, c'était pas un bateau blindé. On s'est retrouvés à la flotte sans pouvoir organiser l'évacuation. Moi je me suis agrippé à un demi-banc de bois. Et il y a un Grec qui m'a rejoint, puis un autre. Ils ont commencé à brailler dans leur langue, comme des mômes, je suppose qu'ils avaient de la famille dans l'eau, une femme, je sais pas. Et ce demi-banc, il nous a gardés à flot, c'est un miracle. On a été secourus par un vapeur anglais, et les deux Grecs, ils ont continué de pleurer quand même.

Henry parlait sans détresse malgré le drame et les cadavres qu'il avait vus flotter autour de lui.

— Faut plus que j'y pense, l'image de la mort, ça pourrait l'appeler, je voulais te parler de McLeod parce qu'il m'a envoyé des nouvelles de l'*Endurance*.

— Et c'est quoi, les nouvelles ?

— En Antarctique, le bateau s'est retrouvé pris dans les glaces, vers la fin novembre 1915. Ils ont tout essayé, mais la glace, elle a pressé le bateau comme un fruit, très lentement. Puis un jour Shackleton a crié : « On s'en va, les gars ! Je crois que l'heure est venue d'user nos bottes. » Ils ont emporté ce qu'ils pouvaient, et Tom, tu sais ce qu'il a emmené ?

— La figure de proue ?

— Ben non, crétin ! La Bible ! Parce qu'il s'est dit que ça risquait de leur porter malheur de la laisser couler avec l'épave. Shackleton, il n'a rien emporté, lui il a sauvé tout le monde. Tout le monde. Il est parti chercher des secours sur une barque avec sa boussole, il a traversé des montagnes, il a ramené un équipage sur un bateau trop frêle pour briser les glaces, il est reparti, il est revenu avec un autre bateau, et il a, nom de Dieu il a sauvé tout le monde, ce mec ! Et après ça, il a passé une journée idyllique sur la terre, et le lendemain, son cœur l'a presque lâché, et lui il disait : « Je veux voyager encore. »

— Il est où, maintenant ?

— J'en sais rien.

— Et ton copain McLeod ?

— Il m'a expliqué un truc dingue. Tu vois, lui et les

autres, ils se sont retrouvés coincés sur cette île : Elephant Island. Et Ernest il est parti chercher les secours sur un canot pendant que les autres, ils sont restés là plusieurs mois, je sais pas combien, ils bouffaient des manchots, et ils sont devenus fous. Tom, par exemple, il cachait sa tête entre deux rochers et il se mettait à rire, les yeux dans le noir, puis il essayait de raconter une histoire, il disait qu'un enfant l'écoutait, là au fond. Pourtant c'était un endroit qu'on pouvait appeler « nulle part », même qu'il n'existe pas sur terre plus nulle part que là-bas. Et quand ils ont retrouvé le pays, ils sont redevenus normaux.

On réfléchit ensemble et les vapeurs d'alcool commencèrent à jongler avec nos neurones. On se mit à rire grossièrement de tout ça, et de la folie, et du pauvre McLeod qui causait et riait, la gueule dans le gouffre.

— Je me demande bien quelles histoires il pouvait raconter là, j'ai dit.

— Ouais. En rigolant, il les racontait. Si ça se trouve, c'était des trucs dégueulasses !

Là, Henry grimaça, claqua le verre sur le comptoir, il tendit l'index pour que j'écoute mieux que jamais, et il resta comme ça un long moment avant de m'expliquer.

— Une fois revenus sur la terre vivante, ils ont retrouvé leurs forces et leurs esprits, et ils ont demandé depuis quand la guerre était finie, et ils ont appris qu'elle n'était pas finie du tout, qu'elle faisait des millions de morts. Des millions. Et parce qu'elle n'était pas finie, cette putain de guerre, on leur a pas laissé le temps de respirer l'air de chez eux, ils ont dû rejoindre les combats, et il y en a qui sont morts d'un coup de fusil. L'homme est un imbécile, tu comprends, Louis. Un pitoyable imbécile !

— Pas tous. Pas nous. Si ?

— Pendant qu'ils allaient crever sur le front, je dormais à côté d'un dortoir d'orphelins que je laissais se faire battre. Et le jour où j'ai plus réussi à entendre les cris de vot'copain sous l'escalier, la nuit, j'ai décidé de partir et je t'ai laissé là en promettant de revenir te saluer, alors je ne vaux pas mieux que les autres !

Il envoya la pinte loin de lui d'un geste brutal, parce qu'il venait de comprendre pourquoi il avait la descente facile. Alors il fallut calmer le patron qui menaçait de nous jeter à la rue ou aux flics. Pour ça, Henry déplia un billet devant lui.

— Ça va, ça va, j'ai payé, OK ? Alors ressers-nous deux verres et garde la monnaie au lieu de t'emporter.

Après ça, il mit son visage à deux doigts du mien pour reconstruire le pont entre nos regards.

— J'ai dit que la glace pressait le bateau comme un fruit, mais McLeod, c'est pas un fruit qu'il disait, c'était une bête. Parce que ça faisait un hurlement de monstre à l'agonie. Et quand ça se déchirait d'un coup, c'était comme un tir d'obus. C'est ça qu'il m'a écrit. Tiens, j'ai sa lettre en poche.

Il la chercha en vain, les mains boiteuses.

— Merde, je l'ai pas. Elle est je sais pas où.

— Moi j'ai toujours l'annonce, tu sais, celle que tu avais découpée dans le journal. Je l'ai toujours sur moi.

Il s'empressa de la replonger dans ma poche, bien pliée.

— Non, laisse tomber, dit-il, faut pas se faire du mal, hein. Tu vois, je crois que la mer ça m'est égal, je m'en fous. Ce que j'aime bien c'est les bateaux, Louis. Les bateaux. Voilà.

— Et là, tu vas en reprendre un ?

— Ah, je voudrais. Un des trois grands. Je t'ai parlé des trois grands ? Ceux avec des vitraux de cathédrale, et des lustres, et des piscines. Oui, je t'en ai parlé, non ? Mais j'ai un autre plan aussi. On cherche du personnel à Belle-Île-en-Mer. Il y a une sorte d'orphelinat, là-bas, et les mômes ils réparent des bateaux, comme ça en plus de se réparer eux, tu comprends ? Ils sont utiles, quoi. J'étais à Lorient, ces derniers mois. J'ai fait du voyage, le sale boulot sur des rafiots. Et puis là, il y a un type, au port, il m'a dit qu'on cherchait des mecs solides pour bosser sur l'île. Avec les gosses. Et je voulais savoir si ça te disait pas de venir aussi, vu qu'on engage. Réponds pas aujourd'hui, c'est pour février. Je vais te laisser l'adresse de ma piaule à Lorient et tu m'envoies quelques mots, si tu veux.

— Oui, ou peut-être j'attends que tu me dises si ça vaut le coup.

— D'accord. Tchin, mon pote !

— Tchin ! Et ton copain ? je demandai pendant qu'il vidait son verre.

— Mon quel copain ?

— Le fou qui t'accompagnait au Vertbois, qu'est-ce qu'il est devenu ?

— Oh, Hans !

Henry visita mon regard pour y dévoiler la bêtise.

— À ton avis, mon petit ? lança-t-il gravement. Il est devenu ce que les hommes deviennent quand ils ont trop envie que les autres hommes soient justes, et qu'ils ont vu beaucoup trop de cadavres : un absent. Les absents ne sont pas tous des fous, Louis, tu vois ?

Je haussai les épaules.

— Il s'est replié, expliqua-t-il. Il s'est rangé dans un coin et il s'est replié avec de l'alcool et du tabac et puis toutes les images et les hurlements qu'il essaie encore de gommer de sa mémoire à l'heure qu'il est. Il est allé crever d'absence, voilà ce qu'il est devenu.

Je détournai les yeux, devinant que je comprendrais plus tard.

— Allez, tchin. Patron ! La même chose !

Jeannette est venue avec sa maman et elles se sont assises presque devant pour bien voir et bien entendre ce que le curé avait à dire, sa belle histoire de Noël qu'il badigeonnait d'humour, comme si tous ces bergers et leurs bergères étaient de grands farceurs, comme l'étoile et le bœuf et l'âne. Il nous rappelait aussi, le bon père, qu'à minuit tous les animaux s'agenouillaient dans les écuries et les étables pour se joindre à la prière.

Je n'avais plus envie de prier. J'appartenais aux boudeurs de l'après-guerre. Ma dernière prière devait dater de cette nuit dans la cache obscure du Vertbois, où je répétais des paroles très lourdes sur la langue, bien apprises : « Jésus, Marie, Joseph, assistez-moi dans ma dernière agonie, et faites que je repose en votre sainteté. »

Dans le froid de la petite église, je commençais à comprendre, les yeux sur la chevelure de Jeannette.

Elle se tourna quatre fois vers moi, et je trouvai ses yeux un peu bêtes. Elle devait penser : « Je te reconnais, tu es le garçon de la rue du Tiers-A-Liège. » Rien de plus profond. Ça me rassurait, alors je rêvai d'une heure à son bras.

Si Angèle prétendait ne plus croire en grand-chose, elle se montrait bien prudente, gardait une part d'« on ne sait jamais » qui l'incitait à suivre à la lettre certaines croyances populaires. Une pièce dehors, avec une tartine, une hostie collée à la porte, et les messes qu'elle suivait encore la préservaient d'hypothétiques tonnerres de Dieu.

Et puis elle choisissait ses compagnons pour ce qu'ils pouvaient déposer sur sa table. Ainsi, elle invita Félix le lendemain de Noël pour les bouquettes, parce qu'il lui trouvait des Corinthe à un franc le kilo. Quant à Gustave, il avait de l'argent et il aimait la modernité. Il offrit à Angèle un distributeur de cigarettes et un phonographe. La musique entrait dans les foyers, où l'on poussait le volume pour que les voisins sachent, et Gustave chantait.

Henry fut invité aussi pour assouvir la curiosité d'Angèle, la distraire, elle voulait connaître ce marin qui m'avait fait boire un peu trop et m'avait ramené jusqu'au lit aux petites heures. Il vint avec l'air honteux de ne pas être grand-chose, ce qui plut aux autres. Gustave offrit la goutte, et je ressentis de la jalousie lorsque Henry raconta à tous Shackleton et la folie de McLeod, son fou rire, la tête entre les rochers sur Elephant Island, le gosse imaginaire.

C'est avant tout pour l'interrompre que je demandai à Angèle si elle avait des nouvelles de Paul. Rien. Elle en souhaitait le moins possible. Alors Félix répéta pour tous :

— Faut pas qu'il reste à Ciney. Y a rien de bon là-bas. Faut qu'il travaille, c'est tout, les p'tits gars comme lui, faut qu'ils travaillent.

— Mais je lui en donnais, moi, du boulot ! protesta Angèle.

Félix haussa les épaules, l'air épuisé par trop de bêtise.

— Je te parle pas d'éplucher des patates, je te parle d'un travail où tu te bouges les bras, où tu finis la journée le nez dans la crasse, et tu crois que le lendemain tu te relèveras pas.

— La mine, souffla Gustave.

— La mine, par exemple.

— T'es allé à Ciney ? je demandai.

— Je t'ai dit que ça te regardait pas.

Il ne se fit pourtant plus prier.

— J'en connais qui y sont allés. À neuf ans, j'étais dans une maison de réforme. Là, mon truc, c'était de voler les couteaux de cuisine. Avant de m'y envoyer, on m'a laissé moisir trois semaines en taule pour un vol de quarante-sept francs. Et après les trois semaines, ils m'ont acquitté parce que j'avais pas choisi d'être un délinquant, j'avais juste été mal éduqué par une mère « de moralité douteuse », ils disaient. Alors ils m'ont emmené à Gand. Des heures de route dans une carriole poisseuse gardée par deux gendarmes. Le but, c'était de me rééduquer par la force ou par la douceur, ça dépendrait de moi. Et puis je devais apprendre un métier. Tu parles. J'ai passé mon temps au cachot, nourri au pain dur et à l'eau tiède.

— Si tu lui trouves un boulot, à Paul, tu crois qu'on pourra le sortir de là ?

Gustave s'offrit un air important, aligna quelques pas de ministre.

— Je vais voir ce que je peux faire, promit-il. Il pourrait bosser à la forge, lui aussi.

— C'est une obsession, couina Angèle. Tu vas nous y foutre la famille dans ta fabrique.

— C'est l'avenir ! clama-t-il avant de se mettre à chanter Tino Rossi.

Ça l'amusait, Henry. Il jeta un rire clair et bref avant de scruter mon regard, l'air de demander mon avis sur l'avenir.

Allumer des réverbères, ouvrir un commerce avec Jeannette, n'importe quoi, marchand de journaux. Mais d'abord apprendre à marcher seul plus de trente pas sans avoir l'impression de me perdre.

Je voudrais savoir ce qu'il racontait, McLeod, sur cette île tombeau. Et je me demande encore si la folie leur a permis de survivre, si elle était la protection ultime ou la conséquence du désastre. L'ignorance a cela de bon qu'elle nous permet de choisir une réponse à la mesure de notre espérance ou de nos peurs. Ainsi j'expliquai à Rose que notre mère se portait bien.

Penchant à peine son visage angélique et blanc, elle me sourit, le corps clos, les mains jointes sur les genoux joints.

— Et toi ? demanda-t-elle.

— Je reviens d'un premier séjour en mer. J'étais à Hambourg la semaine dernière, et j'y retourne bientôt, pour faire du commerce avec les Scandinaves. C'est bon de partir, ça donne à rêver, quoi. Et puis prendre la mer et se livrer aux forces du vent et de l'eau, s'accrocher aux rambardes et voir l'horizon tendu comme un câble, à perte de vue… À perte de vue, c'est un truc que tu peux seulement dire quand tu es là debout et que tu regardes loin, et que tu te rends compte que les humains, ils naissent avec des yeux trop petits. Tu comprends ?

— Trop petits pour quoi ?

— Pour voir tout au fond du gouffre.

— Perdre de vue, ça existe aussi dans le temps. On peut perdre des gens, ou des vérités. Pourquoi mentir, Louis ? Tu veux me prouver quelque chose ?

— Pardon ?

— Tu vis toujours chez Angèle, n'est-ce pas ?

— Plus pour longtemps.

— Sois honnête avec moi, s'il te plaît. C'est la seule façon de ne pas se perdre.

— On s'est perdus, déjà.

— Ce n'est pas vrai.

— Tu as choisi le contraire de moi.

— Et alors ? Tu peux le dire sans me juger. La vie chez Angèle, c'est le paradis ?

Plus je levais la voix, plus Rose relevait le front.

— Si je reste chez Angèle, c'est parce que je ne sais pas comment on fait pour aller quelque part. Je m'occupe des patates et des pois, voilà ce que je fais. Des fois je suis debout au milieu de la chambre et j'ai envie de demander mon chemin, je le connais pas et je regarde par la fenêtre et je me dis putains de rosiers, saloperies d'abeilles, et je maudis les moineaux en me demandant pourquoi on ne me les a jamais présentés. C'est trop tard, maintenant. On nous a bien appris à bénir les murs, et le jour où tu veux passer de l'autre côté, t'as l'horizon qui te fauche les jambes, t'es à genoux, et tu rentres et tu regardes par la fenêtre. Enfin j'essaie, je me dis que c'est juste une question de semaines. Toi tu continues d'embrasser tes remparts et de les trouver à ta mesure, merde ! Peut-être que je vais bosser à Ciney ou partir en France, peut-être sur un chantier naval.

— Un chantier naval ?

— Oui, avec des gosses.

— Comme moi, alors ?

— Toi tu n'as rien choisi.

Elle se tut pour que je macère dans ma petite rage, et pour que je voie quelle paix elle se cousait dans la tête, comme si cela suffisait à désigner celui de nous deux qui ne se trompait pas.

— Rose.

— Oui.

— Tu aurais dû me laisser monter sur le bateau de Jules. Je crève de rester là. Tu connais Shackleton ? Non, tu peux pas connaître.

— Qui est-ce ?

— Un mec bien.

— Les filles m'attendent, Louis.

— Je peux pas en dire autant.

Elle me sourit en me pardonnant pour le mensonge, parce que j'en causais bien, de la mer, même si je ne l'avais jamais vue. Et je m'en allai avant d'ajouter quoi que ce soit de plus ou moins bête. Le long du fleuve, le long du vieux bras noir et puant du fleuve, où l'*Atlas V* avait repris sa carrière de remorqueur soumis.

J'aurais voulu aimer la Meuse comme Henry aimait le Saint-Laurent, mais on n'aime pas les fleuves que l'on croise chaque jour.

Je m'arrêtai sur le pont, grossier bracelet de pierre. M'agrippant au garde-fou, je tentai de surmonter mon vertige, et je rangeai ma honte en promettant qu'un jour je n'aurais plus peur de l'eau.

Le temps devint un canal triste, à l'image d'Angèle et Gustave. Je continuai d'écosser les pois, de mentir à Rose et de chercher son rire, d'attendre qu'un bateau tombe du ciel.

Un seul événement marqua l'hiver de mes vingt ans. Ma mère quitta l'asile en janvier 1930 car elle était devenue raisonnable : elle ne se défendait plus, remerciait les infirmiers quand ils venaient pour la piqûre, et ne parlait plus que pour leur répondre.

Elle nous rejoignit chez Angèle où elle semblait se plaire à coudre et nettoyer.

Je pensai qu'elle avait remplacé sa folie colérique par une folie commode pour elle et ses proches, qu'elle laissait le courant la ballotter. Un jour je trouvai le courage de lui dire ma rancœur et elle sourit, elle dit oui, avant de mâcher un peu d'air et de me demander s'il pleuvait encore. Je ne trouvai rien dans ses yeux. L'absence. Et je me souvins du copain d'Henry, le soldat que j'avais pris pour un fou alors qu'il avait douloureusement rêvé de justice avant d'errer parmi les cadavres. Ma mère avait-elle rêvé de la même façon, pour avoir été mère ? Avait-elle attendu trop de sollicitude pendant que des bras traînaient son corps vers l'asile ? Et qu'avait-elle espéré de nous ?

Angèle la gardait au chaud parce que l'argent de notre maison dormait dans un coffre qu'elle s'estimait le droit de convoiter. De même elle m'encourageait à prendre mon envol, à rejoindre Henry au large, ou Gustave à Ciney, ou le Congo suintant d'or.

Je commençai à regarder les murs des autres en pensant que je pourrais construire les miens, avec ma force et de l'argent que je gagnerais dignement. Alors j'enlèverais ma mère aux pattes d'Angèle, et Paul à la maison de correction, Rose à son orphelinat, et peut-être que j'enlèverais Jeannette, aussi.

Je trouvai une occasion de lui parler. Liège bougeait au rythme de l'Exposition universelle, et on se retrouva sur un pont, attendant un défilé de motos. Jeannette patientait entre père et mère, habillée en reine de bal, robe à froufrous, regard assorti, nœuds de satin, du blanc et du bleu ciel.

— Ah non, grommelait Angèle en se détournant. Pas le journaleux !

Élégant, je me glissai entre elle et la petite famille, afin de me trouver à un pas de Jeannette, qui me salua. Je tremblais, froissant ma chemise, pendant qu'elle, très à l'aise, levait son regard blanc et bleu à froufrous pour me dire d'une voix feutrée :

— Je vous vois travailler au champ, quelquefois.

Comme si c'était noble, comme si j'étais beau.

— Ah bon ?

Je cherchai d'autres mots, mais n'en connaissais plus. Alors je demandai :

— Et vous ?

— Et moi ?

— Que faites-vous ?

— Je suis infirmière.

— Ah bon.

— Infirmière désinfectrice.

— Ah.

— Oui.

— Bon. Vous désinfectez.

— Voilà. Chez les indigents. Nous mettons le linge à l'étuve et nous veillons à l'élimination des insectes, ce genre de choses...

Je répliquai que je préférais travailler au champ, elle baissa son sourire, et les petites motos passèrent, crachant du gasoil et des vrombissements. Leur passage accompli, chacun se mit à compter les traces noires souillant ses habits.

Je vis que ma mère était tachée jusqu'aux cils, avec de lourdes traînées sur les joues. Elle souriait encore, les yeux fixes. Je m'appliquai à essuyer son visage, pendant que s'éloignaient Jeannette et ses parents.

— Bouge pas, je vais nettoyer. On dirait que tu as pleuré noir.

Sur le chemin du retour, Gustave tenta de me distraire, et de ma mère et de Jeannette, en me détaillant le projet de cité-jardin qui devait sortir de terre à côté de chez nous pour lutter contre les taudis et offrir aux ouvriers de petites maisons à fleurs avec une plaine de jeux et des oiseaux.

— Pourquoi tu me parles de ça ?

— Ce serait pas une occasion de te commencer une vie ?

Je ne répondis rien. J'étais incapable d'expliquer qu'après avoir vécu entre des murs obligatoires je ne pouvais plus vivre entre des murs où je n'étais pas désiré, mais que je ne partirais jamais pour cette raison-là. Je partirais parce que quelqu'un peut-être me désirerait ailleurs.

Ayant regagné ma chambre, les poings et le souffle noués, je tentai de lire mon avenir dans la boîte en fer où crevait l'âme de mon paternel, puis dans les lettres de Rose, le jardin vide. Il me sembla que seul Henry pouvait m'entendre et m'offrir quelques paroles de nature à me faire patienter, alors j'allai au Phare, où planait le souvenir, et je me mis à boire.

Des vapeurs au crâne, je compris que la patience n'était plus de mise, que l'heure était venue de prendre une décision. C'est ce que je prétendis faire le lendemain, quand j'écrivis à Henry qu'il m'attende à Lorient.

Dans une cage grillagée au milieu de la table, un coq tressaillait pour prendre la mesure de sa geôle, à peine si le bec luttait pour écarter les fils de fer. C'était plus un corset qu'une cage, mais il ne savait pas qu'il existait un espace, il mangeait le grain qu'on lui donnait puis attendait le grain suivant.

— Pas de nouvelles de ton ami ? me demanda Félix en servant le café fort.

— Ça devrait pas tarder.

— Faut que tu m'expliques pourquoi tu veux te coltiner toutes ces heures de route. Pour un boulot en enfer que t'es même pas sûr d'avoir. Alors que la porte est ouverte aux forges. Tu sais, ça devient vraiment la merde, vraiment la panique. Tu bosses ou tu crèves en ces temps. Faut que tu le comprennes. Surtout qu'Angèle et Gus, ils vont bientôt t'envoyer une paire de coups de pied au cul pour que tu te démerdes, vu que tu rapportes moins que tu coûtes.

— Surtout qu'ils veulent l'argent de ma mère.

— On veut toujours l'argent de quelqu'un. Et qu'on le

gagne, qu'on le trouve ou qu'on le vole, ça finit toujours dans la poche à quelqu'un d'autre parce que c'est ton tour de payer. Tu vois, ce coq, je reviens de la chanterie et il a gagné, il m'a rapporté du blé.

— Gagné ?

— Il a chanté plus que les autres.

— Ah. Et comment on fait chanter les coqs ?

Félix alluma sa pipe et se vautra, un bras par-dessus le dossier de la chaise.

— On les range dans un cageot puis, au coup de cornet, on leur cause, on les encourage, quoi. Là où je vais, on a peint les palissades avec des couleurs vives, parce que ça les aide à chanter. Bon, peut-être pas autant que les grosses cuisses roses de Thérèse, qui nourrit la volaille dans ses seins au grain arrosé de bière, et qui ouvre les jambes en souriant pour inviter la volaille à brailler. Enfin, c'est ce qu'on raconte. Les chanteries d'ici sont interdites aux femmes.

— Et il faut qu'ils chantent bien ?

— Non, on compte les gueulantes. Et il y a toujours un vainqueur qui sort de cette fanfare. C'était lui, ce matin. Les coqs perdants, on les joue aux cartes. Il y en a qui finissent en jouet pour une fête de quartier. On les attache dans un panier, la tête en bas, et un type aux yeux bandés armé d'une pince essaie de leur trancher la gorge. Bon, le marché aux chiens n'est pas ouvert toute la journée, alors finis ton café, on y va.

Il bourra son paletot de pain et de saucisson, puis on traversa le brouillard qui déroulait des odeurs de déchetterie. Des claquements de portes basses ou de sabots poussaient des silhouettes pataudes entre les maisons sans visage.

— Pourquoi tu veux que je t'accompagne ?

— Pour t'expliquer des trucs.

Cela revenait souvent à m'annoncer que la vie était bien plus complexe que dans mes cauchemars.

— Déjà, poursuivit-il, faut arrêter de rêver de la mer. Rêver de la mer, c'est rêver de rien en faisant semblant de rêver de quelque chose, tu vois ce que je veux dire ?

— Je rêve pas de la mer, je rêve des bateaux.

— C'est encore pire.

— Je vois pas pourquoi.

— Rêver de flotter sur rien parce que t'as peur de l'eau, du noir, du vide, bordel, t'es pas sauvé !

— C'est ça que tu voulais m'expliquer ?

— Je t'ai rien expliqué, si ?

— Le chien, c'est pour ta charrette ?

— Oui, mon gars. Ça vieillit vite, les animaux, puis ça meurt d'un rien en trois jours. Il faut mal les aimer, battre, soumettre à tous les ordres. À l'usine on les pousse dans des roues et ils courent pour que les engrenages tournent.

— C'est pas normal.

— C'est comme ça, expliqua Félix. En attendant de trouver autre chose, il faut employer les bêtes, ânes, chiens, chevaux de trait. Est-ce que je travaille ? Ce matin, j'ai travaillé ? Non. J'ai fait chanter un coq pour acheter un chien qui tirera la charrette. Alors je garderai ma force et ma tête pour le négoce. Tu piges ? Ouais, tu piges.

Parce que je ne répondais pas, il me raconta comment des gosses perdaient un doigt, une main ou la tête dans les filatures.

— Ils ont pas de réflexes, à onze ans, et ils sont comme du beurre. Quand les fils de fer cassent et fouettent l'air, ils sont comme du beurre. Ça, tu comprends ? Bon. Et tu comprends aussi qu'on n'est pas faits pour l'abrutissement, contrairement aux bêtes qui sont abruties par nature, alors tu peux entendre le choix d'exploiter la force animale, et je dis bien en attendant de trouver autre chose, pour pas que les gosses crèvent ou perdent leurs bras, ou leurs poumons dans les mines.

— Ouais, mais un chien, il peut pas dérouler du fil.

— C'est pas la question, nom de Dieu ! Et puis tu fais ce que tu veux de ce que je te dis, parce que c'est pas la question. Et des fois, oui, on doit se tuer un peu pour se foutre des pièces en poche et se libérer de ceux qui ont les coffres. C'est ça que je voulais dire.

Ce que j'entendais, c'est qu'il avait une idée très précise. En effet, avant que l'on atteigne le marché, il me fit asseoir sur un banc, face au fleuve qu'il ne quitta plus des yeux.

— Tu vas accepter le boulot à la forge pour deux raisons. La première, c'est qu'ils ont le projet de fabriquer des obus. Au cas où la guerre elle reviendrait, toi tu aurais un job où on te garderait, pendant que les autres ils iraient creuser leur tombe à la cuillère.

Il se tut, sérieux trois secondes avant de rire en m'observant. Il retrouva aussi vite un visage impassible pour me lancer d'un trait la seconde raison :

— Si tu ne vas pas à Ciney, c'est parce que ton petit frère s'y trouve enfermé, à deux pas de la forge. Alors si tu travailles dans l'enfer de la forge, tous les jours tu penseras à l'enfer de la maison de correction, où la seule paie c'est le coup de crosse. Et t'en seras malade, parce que même si tu as toujours fait semblant de t'en foutre, tu rêves d'une petite famille de merde avec maman et le petit frère, et la grande sœur.

— Je sais pas.

— Alors je te l'apprends. Seulement c'est comme rêver d'un bateau. Tu vas aller bosser là, et le Paul, tu trouveras un moyen de le faire sortir de sa prison de gosses.

— Pourquoi je ferais ça ?

— Pour éviter que je m'en charge et que je tire sur les pions.

— Tu le ferais ?

— Je te laisse un mois.

— Pourquoi tu le ferais ?

— Pour qu'on en parle.

— T'iras en taule, c'est tout. On parle pas des mômes qui perdent un bras à la filature. En tout cas moi j'en avais jamais entendu parler. Alors les gosses de Ciney…

— Écoute, j'ai pissé le sang quand j'étais gamin. J'ai pris sur la gueule, t'imagines même pas. La prison je la connais. Le cachot, quand t'as neuf ou dix ans, c'est une usine à fauves, une petite fabrique de dégénérés. Pour peu que t'aies pas le cerveau en place et une force de cheval, t'es condamné. Surtout si un pion en a après ton cul et commence à t'appeler ma poupée en bavant sur ton ventre, tu vois ce que je veux dire ou tu veux un dessin en couleurs ? Ton petit frère, c'était un chouette bonhomme, mais ils vont le foutre en l'air, et toi tu restes là comme un con à te demander si t'irais pas faire un tour en Bretagne. Pauvre abruti !

— Ben justement, c'est pour travailler avec des mômes.

— Ah ouais, tu parles ! Je la connais, son île, à ton copain. Ça, oui, on commence à en causer. Les colonies pénitentiaires, ça s'appelle. C'est un bagne. Un bagne pour enfants. Bon, amène-toi, faut que j'achète ce chien que j'ai repéré la semaine dernière, avant qu'un connard le trouve.

En cette année 1930, des hommes se sont défenestrés parce qu'ils avaient perdu beaucoup d'argent, et ce n'était qu'un début. C'est qu'ils y avaient gravé leurs illusions. Pendant qu'ils tombaient sans un cri de leur treizième étage, la Belgique fêtait son anniversaire avec des tambours et des confettis, des trompettes et des éclopés.

Gustave nous en parla longuement et ma mère voulut se rendre à Bruxelles pour le grand défilé.

— Je veux y aller, moi, disait-elle.

— Vraiment ? demandait Gustave.

— Je veux y aller, évidemment.

Ce fut un voyage chaotique et silencieux. Là-bas, un trône monumental rouge et or paré d'immenses draperies offrait à la ville un décor de théâtre. Les fastes et les ruissellements de velours nous rappelaient que nous étions peu dignes. Autour du siège royal on jouait à se satisfaire, à être heureux malgré tout. Mais je voyais là un outrage écœurant et un peuple qui en faisait son dimanche.

Cimentés dans la foule, nous dûmes assister au cortège d'ornements où les médailles luisaient tels des yeux froids sur les uniformes. La foule aimait cela, elle aimait ne pas se souvenir du pire et célébrer les victoires.

Quand éclatèrent les tirs d'honneur, les coups de fusil tournés vers le ciel, le visage de ma mère se figea. Elle semblait n'en vouloir manquer aucun. Je suppose qu'elle avait besoin de connaître le son de la mort, après en avoir reçu les mots et les images. Sa tête dodelinait et ses yeux vastes mangeaient l'instant. Elle eut un sourire clair, tenace, insoumis.

Après les soldats sains et saufs ou boiteux et fiers défilèrent les veuves et les orphelins. Leur passage glaça la masse humaine agglutinée le long des avenues. Lentement, ma mère applaudissait et s'absentait à nouveau du monde, le regard posé sur les pavés luisants. Et le sourire tomba.

Elle mourut cette nuit-là d'une quinte de toux et de l'écho des coups de fusil qui retombaient de là-haut. La voyant inerte, avec ce sourire qu'elle avait eu face aux soldats, je décidai dans la seconde de ne pas chercher à récupérer la moindre pièce, qu'elle me revienne ou non de droit, car je n'avais aucune chance face aux calculs et aux plans qu'Angèle tissait depuis tant d'années, au point d'en faire une raison de se lever à l'aube.

Je choisis d'accepter cet échec avec le pressentiment que nous avons tous un quota de luttes possibles au-delà duquel on sombre, un nombre de cartouches limité, à peine variable d'un être à l'autre. Et je partis annoncer à Rose que nous étions de vrais orphelins.

Elle laissa les mots du deuil chercher une route en elle et pleura sans déchirure. Au contraire, son visage sembla se détendre. Je la regardai pleurer pour deux, et j'eus la détestable impression d'avoir perdu quelque chose plutôt que quelqu'un.

Relevant le front très vite, Rose me demanda ce qu'il advenait de Paul.

— Maison de redressement.

— Qu'a-t-il commis ?

— Il a fumé en rue et volé quelques pièces. Je vais le sortir de là. Enfin, je vais essayer. Il est à Ciney.

— Il n'a jamais été très sage, dit-elle.

— C'est pas une raison.

— Pas une raison pour quoi ?

Je ne réussis pas à lui répondre, parce que cela m'aurait pris un siècle, ou le temps de l'écrire.

— Tu n'as aucune réponse, conclut-elle. À aucune question.

— C'est pas vrai. Ou peut-être que si, mais je commence à savoir où elles se terrent, les réponses. Il faut se figurer une chanterie de coqs pour comprendre où en sont les hommes. Tu as déjà vu une chanterie ?

— Non. J'imagine que c'est très instructif. Tu as des nouvelles de ton ami marin ?

— Il est en Bretagne, enfin je crois. Je comptais le rejoindre. Et ici ça se passe comment ?

— Disons que c'est un peu plus facile qu'avant. Pour les filles, c'est plus facile. Tu te souviens de sœur Geneviève ? Elle dit que l'instruction éduque mieux que les coups.

— Quelle bonne nouvelle. Et tu la crois ?

— Oui.

— Nous, on a eu droit aux deux, pas vrai ? Une leçon, un coup.

— Oui. Tu sais ce que je pense ? Je pense que les temps changent.

— Quels temps ? Ça veut rien dire. Le temps c'est ce qui fait que les gens vieillissent et crèvent, instruits ou pas. Ou peut-être que les instruits meurent pendant que les autres crèvent, non ? Le jour où plus personne ne crèvera, on pourra peut-être dire que les temps changent.

— S'il plaît à Dieu, ce jour viendra.

— En même temps, on a eu des parents à peu près instruits, et ça les a pas empêchés de crever, lui sous les balles et elle dans la folie. Alors ce qui plaît à Dieu, tu vois, je commence à m'en barbouiller les orteils.

— Reste poli, Louis.

— C’est poli, ma sœur. C’est poli.

— Arrête.

— Quoi, t’es ma sœur. Bon, je vais rentrer. Je te donnerai des nouvelles de Paul. Tu crois que si les gens savaient ce qui se passe dans les maisons de correction, ça changerait des choses, à défaut de changer le temps ?

— C’est possible. Qu’est-ce qui t’a mis en colère ?

— Ha ! T’es marrante, ma sœur. Qu’est-ce qui m’a mis en colère ? Mais rien ! Il y a juste qu’il me reste un seul petit rêve minable : trouver un truc qui me repose. Et sortir Paul de sa cage. Sauf que je suis malade à l’idée de voir la porte, rien que la porte, malade vraiment avec des douleurs au bide et dans la poitrine. Alors d’abord me reposer un peu, tu comprends ?

— Voir l’océan ?

— Non. Rêver de la mer, c’est rêver de flotter sur rien parce qu’on a la trouille, tu crois pas ?

— Non.

Je clôturais avec elle toute conversation d’un haussement d’épaule qui me renvoyait à la petite chambre du fond de ma tête, aux dents noires de la ville, à l’envie de réveiller les morts. Et je frappais à chaque pas la rambarde du pont en méprisant les remorqueurs. Le fleuve était puant, une fumée lourde coulait des toits et des usines.

J’allais choisir de continuer ma route vers le centre-ville quand je croisai Jeannette au bras de sa maman. Je les saluai d’un geste qu’elles prirent pour une esquisse d'élégance alors que je portais l'ombre des pions sur le dos, j'agissais par crainte d'être raillé si je manquais de politesse. Peu importe, ce malentendu leur donna le sourire et je m'attardai devant leur visage, car les sourires étaient denrée rare.

Jeannette portait un parfum têtu coulant de fruits, que je voulus posséder et qui me fit redouter qu'elle ne fût en chemin pour d'autres bras. Curieux, je tentai d'en savoir plus et me mis à bafouiller.

— Vous allez… Où alliez-vous ? Enfin, je ne voudrais pas…

— Un cousin, précipita Jeannette.

— Il tient un bon commerce, précisa la mère en ajustant son chapeau de feutre.

Un vent poussiéreux fouinait dans les rues et s'en prenait à leurs habits. Je regardai papillonner les rubans et les dentelles qui ornaient la robe de la demoiselle, songeant qu'une brise marine lui eût mieux convenu, et pendant qu'elles s'éloignaient je regardai encore, et mon ventre brûlait.

Le vent du large peut se partager.

Je me demandai si je ressentais de l'amour ou du vice, ou les deux ensemble, et lequel était le pire.

Certaine de croiser mon regard, elle se retourna, me fit un signe et me sourit encore. Ce fut tout.

Je nourrissais trop de craintes pour un sentiment noble, et j'avais vécu seul bien trop longtemps pour ne pas désirer avec un brin de férocité un corps aussi gracieux. De cela je conclus que j'étais trop laid pour elle, mais le temps vint bientôt d'apprendre qu'elle me comptait parmi ses rêveries.

De retour chez Angèle, j'écrivis dans mon carnet, le cœur noué : Liège, août 1930. Mais la page resta blanche.

Moi qui n'avais pas lu les contes, je me plus à croire qu'un mariage pouvait sauver de tout. Je pris deux mois pour y penser sans faire le moindre pas. Lorsque nous nous croisions, nous échangions ces sourires infantiles auxquels j'ajoutais un vague signe des doigts, mais à l'automne les rencontres s'espacèrent. Je m'épuisais à cueillir pommes et poires, et quand je croisai Jeannette un de ces soirs-là, j'avais le corps courbé, sans âme, l'œil creux, et elle semblait lointaine.

Je rentrai sans joie dans la maison grise où palabrait Gustave. Je le revois brandissant un magazine chiffonné qu'il finit par jeter sur la table pour se servir du vin. On devinait sur la première page la carcasse d'un dirigeable.

— Un dirigeable ! gronda-t-il. Les hommes donnent à leurs inventions des noms bien prétentieux, n'est-ce pas ?

Je tirai vers moi le magazine afin de lire les quatre lignes évoquant le drame, pendant que le tonton se mettait à parler de la Bourse. Et ces quatre lignes, j'en fis cette nuit-là un article idéal où je parlais des morts et de leur voix revenue des cimetières pour souffler de l'effroi dans le lit des responsables. Le R101 devait rejoindre les Indes, les dieux du vent l'avaient écrasé en Picardie, cigare dans un cendrier. Un ministre y mourut carbonisé. Bien sûr la catastrophe avait reçu déjà de nombreux échos, mais pas sous le titre « Une vie après la mort ? », pas avec en chapeau une phrase terrible relatant les murmures des agonisants sous les draps des inventeurs de ce monstre aérien.

J'allai glisser l'article dans la boîte aux lettres de Pierre Dahousse, qui m'ouvrit dès lors les pages de son journal, puis la porte de sa maison où s'ouvrirent à leur tour les bras doux de Jeannette.

Dahousse me conseilla sur le style et sur l'attitude du cœur. « Il s'agit, me disait-il, de gambader dans l'actualité parmi les idées et les livres, comme dans la forêt enchantée. Il faut toujours se trouver ravi de commenter pour la presse des nouvelles pas trop sombres, à moins qu'elles ne fussent exceptionnelles. »

Il me parla d'un terril effondré qui n'avait fait aucune victime. Neuf maisons détruites. Aucune victime ! Ça lui plaisait de faire un article sur des survivants, après tant de coups de grisou.

— Sinon qui te suivra ? demanda-t-il.

M'invitant à lire *L'Île au trésor*, il m'expliqua que nous avions les terrils, leur belle-fleur et leur chapeau.

— Ce sont nos îles, n'est-ce pas ? Est-ce entendu ? N'annonce jamais de triste nouvelle sans allumer un petit feu d'espoir, jamais !

Je rédigeai mon deuxième papier sur les victimes des brouillards froids de l'industrie mosane. On mourait de la pollution par paquets de dix, dans la vallée.

— Je ne vois pas beaucoup d'espoir là, lui dis-je en m'excusant.

— Tu parles de la tragédie, alors les gens seront alertés, et les politiciens reprendront le dossier parce qu'ils ont au moins un neveu vivant au bord du fleuve, n'est-ce pas ? Voilà la bonne nouvelle. À part ça, Miss Monde est belge ! Que tout cela se côtoie, en miroir de la vie !

Il éclatait de rire, on l'aimait pour ça.

Quant à Jeannette, elle glissa un baiser sur ma joue, à l'ombre d'un saule proche de sa grande maison. Je pris son visage dans mes mains tachées d'encre et l'embrassai, surpris par un gloussement grotesque, incendié par le désir que je repoussais en moi pour éviter qu'il ne la broie.

— Plus fort, disait-elle pourtant.

Parce que c'était ce que devait dire une femme, sans doute.

Les mois suivants, apprenant à me connaître, elle s'émut de ce qui survivait en moi d'enfance douloureuse et craintive. On aime quelquefois ce que l'on haïra plus tard. J'étais son bel orphelin, elle tenta de me guérir de tout en quelques baisers sur mon front puis sur mes lèvres closes, et je sentais, avant que nos corps se lisent, que je ne la laisserais pas venir à bout de ma mélancolie.

Elle ne s'en inquiéta pas, elle ne s'inquiétait de rien. Tout était de fleur et d'eau, il fallait déjà que nous nous épousions, que nous comptions sur les doigts les enfants à venir, et pour le reste : n'y pense pas, fredonnait-elle.

Je l'écoutais. Si je pensais encore, elle me montrait sans pudeur ses petits seins mousse-de-lait que je mordais trop fort, avec une envie de pleurer qui ne lui déplaisait pas. Elle me guidait vers ses désirs en gestes clairs et jouissait sans bruit, bouche béante, regard d'ogresse, avant de chuchoter « encore » contre ma joue, ses ongles dans mon dos. Et si je refusais, elle me bordait trois secondes puis me parlait d'amour et d'avenir luxueux en savourant l'interdit des ébats qui précèdent les fiançailles.

Un jour de grand froid, vers la fin janvier de 1931, on se disputa pour un oiseau mort, un rouge-gorge sur un sentier. Elle s'en émut avec le sourire.

— Oh, le pauvre petit ! Il est si mignon, ne trouves-tu pas ?

— Mignon ? Il est mort.

— Oui, c'est triste.

Elle souriait encore et repartait joyeusement. Alors à son insu je glissai l'oiseau dans la poche de son manteau blanc. Y cherchant son mouchoir pendant la promenade, elle hurla, et la terreur sur ses traits me réjouit. Elle se mit à courir à petits pas nerveux, soufflant son dégoût, et mon rire l'écœura autant que cette mauvaise blague et la mort dans sa poche. Le soir même elle me reprocha de ne pas la demander en mariage, ce que je m'empressai de faire. Je la vis triste pour la première fois et promis d'être un bon mari, un bon père, mais j'avais fait d'elle en un jour une femme au rêve noirci.

Cependant je commençais à gagner d'enviables galons dans ce métier de journaliste qui me plaisait. J'écrivais debout, le corps agité, parlant à la fenêtre où je haranguais des foules imaginaires. Jeannette aimait son travail d'infirmière, elle soignait maintenant de vieilles femmes folles qui l'amusaient sans l'attrister.

Cet été-là, nous eûmes de quoi nous offrir une petite maison dans la nouvelle cité. Rien n'y était à mon goût et je n'y travaillais pas assez pour lui donner du charme, mais c'était un nid commode où dès le soir on jouait au bonheur, quand j'imitais les riches idiots. Parfois j'alignais autour du lit des cabrioles d'enfant singe pour entendre qu'elle riait et voir des larmes de joie.

En juin 1933, au terme d'un mariage trop convenable, elle pleura longtemps le nez sur ma poitrine, et la vie devint tiède. Je traînais de semaine en semaine l'ancre des bateaux que je n'avais pas pris, elle se lassait de laver le linge sale des impotentes. Pierre Dahousse m'invitait à commenter la mort des gens de lettres, puisque j'avais de plus en plus de goût pour les mots, il me laissait aussi les accidents d'avion, les naufrages et les retours d'explorateurs.

En juillet de cette année-là, je demandai à chroniquer le premier voyage au long cours du *Mercator*, parti d'Ostende pour les Antilles. Le commandant me reçut dans sa cabine, les bras croisés, et il énonça quelques détails que je ne comprenais guère.

— Nous sommes entrés dans le port de Plymouth avec une voile déployée, alors que les anémomètres enregistraient soixante miles de l'heure !

Il conclut d'une voix de professeur fatigué que les

huit escales avaient offert à l'équipage un enseignement profitable.

— Un enseignement profitable ?

— Oui, monsieur.

— Et les Antilles ?

— Instructif.

Ce fut mon pire article. Il parut en bas de page, sans photographie.

À la une, Dahousse annonçait le triomphe d'Hitler.

Pendant ces années, le jour du mariage fut à peu près le seul où je revis Gustave et Angèle. Ils me saluaient avec courtoisie depuis que j'exerçais un métier inquiétant. Il m'arrivait par contre de prendre un pot avec Félix. N'ayant tenu ni l'un ni l'autre la promesse de nous rendre à Ciney pour libérer Paul, nous parlions de politique, de bourgeoisie, de révoltes.

Un soir, au détour d'un débat, il me dit avoir aperçu Henry dans les ruelles du centre.

— Pour peu que je le reconnaisse, précisa-t-il.

— Il a quitté Lorient…

— En sale état. Il boitait, il était ivre mort.

— C'était pas lui.

Je me doutais pourtant que Félix ne se trompait pas. Il se serait tu s'il avait nourri le moindre doute.

— Dans les rues du centre, dis-je pour qu'il détaille la scène.

— Peut-être qu'il allait au Phare.

Je décidai d'aller y écrire mes articles dès la semaine suivante, et cependant que je finissais un papier sur la mode des gaufres, Henry entra, titubant, et se précipita dans mes bras en répétant : « Mon petit, mon petit… »

— Oh, Henry, nom de Dieu ! Qu'est-ce que tu deviens ?

— Ça va.

— Je te demande sérieusement.

— Je t'ai beaucoup cherché, je t'ai écrit chez Angèle, elle t'a pas dit ?

— Non.

— T'avais disparu.

— Pardon ?

— C'est ça qu'elle m'a expliqué : que t'avais disparu.

— J'en ai l'air ?

— Ben non, mon petit. T'as l'air bien. J'y suis allé, chez Angèle, en rentrant de Bretagne. Il a disparu, elle a fait. On ne sait pas où il traîne.

— Je lui ferai sa peau, je te le jure. Pourquoi tu me cherchais ? Pourquoi t'es revenu ?

Il posa le front et les mains sur la table en pleurnichant, avant de visser son regard au mien.

— Belle-Île-en-Mer, c'est un joli nom, pas vrai ?

— Oui.

— Les enfants, ils y dorment dans des cageots juste larges pour un lit de fer et une table de nuit, de quoi poser le béret qui cache leur crâne rasé. Un petit pain rassis pour la journée, une bouillie tiède. Au travail dès sept heures du matin, à réparer des bateaux sans jamais voir les vagues. Les plus faibles, on les laisse mourir de leurs maladies. Avec le peu de chair qu'il leur reste, ils peuvent à peine tenir debout, et les pions c'est des militaires éclopés, des baveux qui leur crachent sur la bouche, ils les insultent, ils les battent jusqu'à ce qu'ils montrent des yeux de jeune chien, puis ils rient de les voir manger leurs croûtes. Du matin au soir tu entends des cris de bête de toutes les sortes. Des cris de malheur.

— Comment t'as tenu le coup ?

— Ben j'ai pas tenu, puisque je suis là. Oui, trois jours. Pour aider les gosses, les encourager, leur mentir, leur dire que ça passera, qu'une porte, c'est fait pour s'ouvrir, seulement ils refusaient les signes d'humanité plus que les punitions, et quand je tentais de les défendre ils me parlaient comme à une fillette, ils se détournaient de moi. Alors j'ai éventré un garde-chiourme, sans plaisir, hein, même que c'est encore lui qui souriait en tombant, et je me suis enfui. Si ça se trouve j'ai laissé un de ces gosses se faire accuser à ma place. Le pire de cette histoire, c'est que les grands de Belle-Île-en-Mer, ils m'ont expliqué que des bagnes avec des mômes dedans, il y en a d'autres à travers le pays. Aniane, Eysses, Cadilhac, où les enfants deviennent des insectes. Cadilhac, c'est un château de riche, il paraît. Foutre l'enfer dans un château, faut pas être humain ! Les humains ne sont plus des humains, mon pote. Et les enfants ne sont plus des enfants. Des bouts de chiffon avec des yeux de géant. Tu bois quoi ? Tu bois rien ?

Je commandai deux demis au patron, qui montrait déjà les dents derrière son comptoir.

— Merde, je grinçai, un patron de bar qui aime pas les alcooliques, faut qu'il change de boulot, non ?

— De quoi tu parles d'alcoolique ? Je suis pas alcoolique si c'est de moi que tu causes, je suis juste un peu malheureux à cause de ça, et je vois du sang chaque fois que je regarde mes mains. Il y a un truc sur terre qui s'est trompé, une sorte de… rature immense ! Voilà.

— T'as cogné des gosses, toi aussi ?

— Ça va pas, non ? Jamais je ferais ça.

Il regarda sa main gauche, puis la droite, avant de sangloter dans ses manches pendant de longues minutes. Relevant enfin la tête, il se pencha vers moi en bredouillant :

— J'ai tué un de ces pourris, tu comprends ? C'est pour ça que je me suis enfui et que je suis revenu à Liège.

— Et tu loges où ?

— Dans une baraque, tu vois, près du terril. Chez les Italiens.

— C'est pas loin de chez moi, on aurait pu se croiser.

— Chez toi, tu dis ?

— Oui, au Tribouillet, dans la cité. Je vis là avec ma femme.

— Bordel de Dieu, il s'est marié, ce grand con ! Tu t'es marié, putain, t'es con, viens que je t'embrasse, t'as de la marmaille ?

— Non, je suis pas prêt pour ça.

— Menteur. T'écris encore des poèmes ? Hein ? Rimbaud, c'est comme ça qu'ils t'appelaient au Vertbois. T'en écris ?

— Non, j'écris des articles pour les journaux.

— Je suis bien fier de toi. Honneur et prestige, tu te souviens de ça ?

— Tu vas m'emmener à Belle-Île.

— T'es pas bien ? Je t'annonce que j'ai tranché du lard de pion et toi tu veux que j'y retourne ?

— Pour en parler.

— Je t'en ai parlé, voilà, prends des notes, parce que je ne vais pas répéter. Chef ? Apporte une plume et du papier ! Comment je pourrais répéter ça ?

Je lançai les mots en vrac pendant qu'Henry ajoutait des détails, réveillant le cauchemar. En glissant dans ma poche la feuille pliée, je regardai son visage froissé par la peine, et je compris à quel point il aurait préféré connaître la folie des naufragés d'Elephant Island. Je devinai aussi que je n'aurais pas supporté mieux que lui.

Lorsque je rédigeai mon article le lendemain matin, je pensai que le journal en ferait un gros titre.

Dahousse regarda mon papier comme un mouchoir sale avant d'en lire le chapeau à voix haute :

— « France, atrocités dans les centres pénitentiaires pour enfants. Un homme témoigne. » Ça ne fait pas un titre, Louis. Les centres, non : l'un d'eux seulement. Un homme ? Non, tu me parles d'un de tes amis de bistrot. C'est sans valeur. Je suis désolé, nous ne pouvons pas publier cela.

— Alors je partirai là-bas avec un photographe et je témoignerai.

La façon dont il me fit asseoir à sa table me rappela le directeur du Vertbois. Même nausée, même envie d'être un autre. Mais il s'appliqua, les mains jointes, à me définir le travail, par amitié et pour que l'on puisse encore s'entendre.

— Nous sommes au service des lecteurs, dit-il.

— Oui. Et nos politiciens n'ont pas de neveu dans cet enfer !

— Écoute, tu verras toujours dans les colonnes une

prédilection pour le portefeuille et pour les sports, le pain et les jeux, parce que l'histoire de l'humanité...

Je finis par l'interrompre et m'engageai à mieux choisir mes sujets. D'accord, j'évoquerais les questions de pain et les splendeurs du progrès. Il s'en trouva soulagé et je rentrai chez moi fatigué d'être lâche. Car ses arguments, je les prenais avec dédain alors qu'ils me renvoyaient au confort de ma chaise, un confort qui me convenait finalement.

Jeannette s'inquiéta de ma mine éteinte, ce soir-là, et lorsque je chiffonnai devant elle l'article refusé, elle me rassura en disant que son père adorait mon écriture et mon obstination, mais qu'il se devait de tempérer l'une et l'autre. Elle défroissa la feuille à l'aide du rouleau à pâtisserie, répétant que j'avais un grand cœur.

— Un grand cœur, mon Lou. Alors tu vas le recopier, cet article, et l'envoyer en France.

— En France ? Mais toi tu penses quoi de tout ça ?

— Oh moi, tu sais...

— Ça ne te révolte pas ?

Elle étudia mes yeux lourds et vint tout près de moi, le sourire en pente, le visage barbouillé d'une drôle de joie, cette frimousse qui trouvait mignon l'oiseau mort.

— Je suis enceinte, soupira-t-elle.

Là, j'étais supposé partager la même lumière qu'elle, bien sûr, et peut-être tomber de bonheur, à genoux sur les débris du passé, ou lever les bras au ciel avant d'inonder Jeannette de larmes bien chaudes, mais je ressentis le contraire de tout cela. Un vrai chagrin de gosse et une peur immense.

Je jouai très mal au jeune père savourant la nouvelle. Elle comprit et se referma autour de son ventre.

— Excuse-moi, lui dis-je. C'est le temps de réaliser, tu comprends ?

— Oui.

Je la laissai pour aller boire en rêvant qu'elle me quitte et que je n'aie plus rien à affronter.

Vautré dans un bar, je cherchai à comprendre comment il était possible de répondre : « Je suis enceinte » à la question : « Ça ne te révolte pas ? » Quand je rentrai titubant au milieu de la nuit, elle n'avait pas bougé. Je m'assis à côté d'elle pour essayer de lui parler de moi.

— C'est difficile, tu sais.

Et devant ma bêtise elle décida de me voir comme un étranger, un type mal choisi dont il fallait bien qu'elle s'accommode.

— Je vais me coucher, dit-elle.

— Oui. Demain j'enverrai mon article...

Elle ne répondit rien et se coucha en cherchant le sourire à porter pour l'amour de l'enfant à naître.

J'envoyai douze copies et reçus une réponse, écrite par un journaliste du Nord. Il m'expliquait que l'opinion publique était peu à peu alertée, notamment au sujet de Belle-Île-en-Mer, où l'écho d'une mutinerie soulevait une émotion qui pourrait bien ne plus s'éteindre. Une mutinerie déclenchée lors d'un repas. Un petit garçon affamé avait eu l'audace de mordre dans son pain avant le signal du pion, qui l'avait aussitôt corrigé à grands coups de trousseau de clés portés à la mâchoire jusqu'à ce que tombent les dents, en un flot de sang, et que la douleur empêche l'enfant d'oser toucher le pain des lèvres. Alors tous les mômes ensemble s'étaient levés et ils avaient trouvé une brèche pour s'enfuir du bagne.

Ils savaient qu'ils se trouvaient sur une île, trop loin de la terre pour leurs bras maigres, pourtant certains s'étaient jetés à l'eau, battant en vain des quatre membres.

L'alerte avait été donnée très vite, avec une promesse de récompense. Alors passants et touristes avaient lancé la chasse au garnement. Pour une pièce, ou peut-être parce qu'ils craignaient pour la paix de leurs vacances et la propreté de la plage, ou pour rendre service à la France.

Le soir même, tous les fuyards retrouvaient leurs chaînes. Fin de l'incident. Sauf que, parmi les touristes, certains avaient eu le temps d'interroger un enfant qu'ils avaient laissé courir ensuite vers les chasseurs de primes, et ils étaient rentrés avec les mots entendus, ils les avaient répétés, ces mots, et voilà que des poètes les écrivaient pour tous. Alors oui, des choses allaient changer bientôt.

Lorsque je revis Henry, et qu'il lut les propos de ce journaliste, il sourit comme s'il avait remporté une victoire.

— Je leur avais dit, m'expliqua-t-il, qu'ils devaient s'enfuir. Ils m'ont écouté, les petits matelots. Une mutinerie, ça fait causer, non ? Tu sais que dans d'autres bagnes il y a des villageois qui organisent eux-mêmes des évasions ? Et tu sais pourquoi ? Pour toucher cette fichue prime. Ils attendent les mômes en bas des murs, ils les cueillent et ils les ramènent.

Je le confortai dans l'idée qu'il avait provoqué la mutinerie de Belle-Île, et il commença à se sentir mieux, à manger plus, à boire moins, à regarder le ciel.

Je ne reçus aucune autre nouvelle cette année-là. Dans la petite maison du Tribouillet, Jeannette s'émerveillait par instants, un peu seule, une main sur le ventre, et ses yeux gardaient un reproche auquel je n'opposais que des sourires mièvres, et la promesse bâclée d'un bonheur qui continuait de me terroriser.

Pourtant, le jour où il vint au monde, je vénérai mon fils. Puisqu'il était le cœur de l'univers, il fallait qu'il devienne aussi la raison d'être de tous les humains, que j'invitais à se figer une seconde pour regarder dans sa direction, saluer sa venue et promettre qu'il ne lui serait jamais fait aucun mal.

Je promis également de rédiger de nouveaux articles sur les conditions de vie dans les orphelinats, mais je reçus quelques mois plus tard une série de coupures tirées de *L'Illustration*. Elles étaient signées de la main d'un certain P.E. Cadilhac. Il me fallut un peu de temps pour me souvenir de ce nom, celui du château évoqué par Henry.

Le premier numéro revenait sur l'histoire d'un enfant trépané l'année précédente et aliéné pour la fin de ses jours. Le journal défendait ses bourreaux en expliquant qu'il s'agissait d'un sujet sans espoir « prédisposé à l'asile par son instabilité et ses crises d'épilepsie ». Dans le deuxième numéro, un croquis montrait deux hommes jeunes, un air à décapiter des moineaux, des épaules de bête, et sous leurs pieds cette légende : « Deux mauvais garçons ».

Chaque paragraphe témoignait de l'intention claire de réhabiliter ces bagnes, ces maisons bienfaitrices qui ne souffraient apparemment que du manque de moyens dont disposait leur directeur pour faire régner la discipline qu'appelaient ces jeunes chiens. Le mot « enfant » n'apparaissait jamais. Et le fait de se plaindre du manque de moyens n'était qu'une façon de rassurer le beau monde, car le beau monde n'aurait pas vu d'un œil calme que trop d'argent fût dépensé pour ces prisons.

Dans les derniers numéros, d'autres dessins laissaient deviner la discipline éprouvante, les visages rudes et fiers, le bon travail de la vigne et des champs.

Quelques mots non signés me remerciaient de « bien recevoir ». Pour la première fois, je me posai la question du destin, avant de me demander plus humblement ce qu'il était juste que je fasse. Mais sans répondre.

Aurélien jouait à cache-cache derrière ses mains, et je ne me voyais pas faire autre chose. Mon frère attendait encore ma venue.

Henry travaillait à la forge, Félix fuyait Liège où l'on interdisait le travail des chiens, et comptait se refaire une vie dans les Flandres, à l'abri de trop nombreux ennemis. Je découvrais que la solitude grandit avec l'âge et découd les certitudes. J'avais un fils, une épouse, un boulot plutôt bien payé, une sœur éternellement au service de l'institution qui l'avait enclavée.

Je me suis réveillé un jour pareil à tant d'autres, j'ai pris un café fort, et j'ai admis qu'on ne guérit pas de tout et qu'on ne sauve personne. Alors j'ai confié au journal un projet de portrait de nos entreprises et proposé de commencer par les forges de Ciney, où je n'allai pas, bien sûr.

Je restai prostré de longues minutes devant le porche austère de la maison de redressement, conscient que cette porte s'ouvrirait sur une route sordide. Mais il n'en existait plus d'autre.

— Bonjour monsieur, je suis journaliste et je voudrais écrire au sujet de votre maison, dont la réputation n'est plus à faire, un article illustré de quelques témoignages.

Le mot « témoignage » grinça sous le front du directeur, le mot « journaliste » le fit cligner des yeux, le verbe « écrire » aussi, je suppose. Il sourit tout de même, d'un vaste sourire en enseigne menteuse, avant de réciter une ode à la bonne bâtisse de Saint-Antoine, où tant de petites âmes perdues trouvaient un foyer et la chance de quitter le vice pour la vertu.

Un type énorme entra après avoir frappé la porte du poing.

— Ah ! lança le directeur. Vous tombez bien, monsieur Moulin, j'ai ici un journaliste qui s'intéresse à notre bonne œuvre. Peut-être pourriez-vous lui dire de quelle façon nous guidons chez nous les vauriens ?

Et, se tournant à peine vers moi, il ajouta :

— M. Moulin officie chez nous en qualité d'instituteur.

Moulin s'installa à ma gauche, ses mains de bûcheron mâchant les gros genoux sales.

— Ouais, commença-t-il avant de chercher dans le regard de son chef une idée de ce qu'il fallait raconter. Ici, on guérit les récalcitrants, on leur apprend à se tenir et on les instruit. On leur fait une tête et une discipline.

— Vous dispensez des cours supérieurs ?

— Ouais, à ceux qui payent une pension. On transforme les fortes têtes en têtes faites. Mais faut pas qu'ils montent sur la nôtre, de tête.

— Avez-vous un Daubée parmi vos pensionnaires ?

Ils se regardèrent sans un mot, avec la même ombre dans les yeux, la même gravité. Les voyant face à moi comme deux loups qu'on agace, je tâchai de me détendre.

— C'est un neveu lointain. Il a fait les quatre cents coups, et plusieurs institutions l'ont pris en charge, mais j'ignore s'il est encore chez vous.

— Non, monsieur, coupa le directeur. Daubée fait partie de ces incurables qui ne veulent rien entendre, n'est-ce pas, monsieur Moulin ?

— Ouais. Il entendait ni la gentillesse ni le bâton. Même qu'un jour, pour une histoire d'outil volé, il a blessé un compagnon. Je l'ai corrigé, ce jour-là, mais il a joué les bêtes enragées, il a mordu un surveillant. Alors il a bien fallu admettre qu'il était aliéné. On n'a pas ce qu'il faut ici pour soigner les fous, pas vrai ? Nous, on est là pour éduquer, pas pour soigner les fous.

— Et ?

— Et quoi ?

— Vous l'avez muté ?

— Ouais, il est retourné à Mol, et de là à Rekem.

— Rekem ?

— À l'asile. Il doit y être encore.

— Il doit y être, confirma le directeur.

— Très bien. C'est l'une des institutions que je comptais visiter.

— Autre chose ?

— Non.

Ils ne me raccompagnèrent pas. J'entendis Moulin souffler des insultes en s'éloignant, ce qui m'était égal puisque je savais où trouver Paul.

J'errai dans la petite ville de pierres grises en attendant de voir Henry pour lui demander de m'accompagner à Rekem, mais il m'expliqua que je devais y aller seul, le sortir de là et l'amener à la forge où il y aurait du boulot pour lui. Il me parlait avec cette seule idée du travail, le travail qui broie les idées noires et le corps, et t'assomme pour la nuit. La paix que ça lui donnait de ne plus réfléchir à tous les monstres de son histoire...

Je partis pour Rekem le lendemain. On m'y reçut plus mal encore, je dus attendre une heure sur un banc de fer, dans le grand couloir hanté par des cris lointains, des colères d'infirmiers, des ululements glauques.

Enfin, on m'apporta l'épave d'homme qu'ils avaient fait de Paul. Il sortait d'une chambre noire, et de quelques soins chimiques. Je pouvais l'emmener puisque j'étais son frère et qu'il était majeur. Avec une ordonnance, une signature.

On reprit ensemble le train pour Liège, et je fus seul à parler.

— Je suis content de te revoir, on va s'occuper de toi, tu pourras bosser. Rose aussi sera contente, je crois.

Il me répondait d'un rire en quatre notes qui le faisait tousser dans ses manches.

Juste avant de le faire entrer chez moi, je cherchai son regard et m'excusai de l'avoir laissé là-bas.

— Il m'a fallu du temps, lui dis-je. Il m'a fallu du temps pour… mais entre ! Tu es chez toi.

Il rit encore, le front baissé, et voulut dormir dehors sous la pluie, au pied de l'arbre.

— Très bien. Tu rentres quand tu veux.

Le lendemain, il était parti.

Gustave le ramena par le col au début de l'après-midi. Il le secouait devant moi, bredouillant, sans haine, mais sous le choc d'une grande peur.

— Il voulait tuer Angèle ! finit-il par crier. Mais par bonheur c'est moi qu'il a trouvé à la maison.

Paul recommençait à rire.

— Ouais, je l'éplucherai, la putain.

Gustave eut l'élégance de ne pas me laisser seul tout de suite avec lui. Il le rangea sur une chaise avant de s'adresser à moi d'une voix de caporal, épongeant toujours son visage ruisselant.

— Louis, vous ne semblez pas savoir ce que vous vous mettez sur les bras ! Ce voyou n'est pas en mesure d'accueillir la bonté, alors faites ce qu'il vous plaira, mon garçon, mais veillez au moins à laisser le monde à l'abri de ses intentions sataniques. À la place de votre famille, je ne serais pas tranquille. Faites attention, Louis, faites attention, de grâce !

Ce « vous » m'annonçait que je serais seul en cas de problèmes, d'ailleurs il s'en alla pour signer ses mots en versant encore quelques grimaces, et le silence retomba dans la maison. Je m'assis en face de Paul, me relevai, consultai le ciel par la fenêtre.

— Je comptais lui demander de te trouver du boulot, c'est fichu. Tu veux de la soupe ?

— De laquelle soupe ?

— De la soupe de Jeannette.

— C'est ta femme ?

— Oui. J'ai aussi un petit garçon.

— Il est où ?

— Chez sa grand-mère pour la journée. Il s'appelle Aurélien. Tu en veux ? De la soupe ?

— Ben ouais.

Je lui servis un bol avec du pain et du beurre, et le regardai dévorer le tout bruyamment. Son visage était de craie et de cernes, son corps maigre, les mains fortes et calleuses. Quant à la chevelure, elle était tondue sans soin, et ça repoussait à la diable avec une petite plaque nue traversée d'une cicatrice.

— Tuer des gens, ça ne sert à rien. Et puis arrête de rire comme ça.

— Mon frère a peur pour sa petite famille ?

— Non. Ils m'ont raconté, à Ciney, que tu avais mordu un surveillant et blessé un camarade, et que c'est à cause de ça qu'ils t'avaient transféré.

Paul se cabra, envoya le bol contre le mur, et se mit à gémir, la tête sur la table.

Tout en ramassant les débris, j'ajoutai qu'ils ne m'avaient sans doute pas raconté la vérité, mais de cette vérité il ne me dit pas un mot avant le soir. Et c'est à Aurélien qu'il s'adressa. Nous étions à table, Jeannette souriait, donnait de son cœur en chaque instant, s'amusait de l'appétit de Paul. Il mangeait le menton presque posé sur l'assiette, ce qui plaisait à mon fils.

— Tu regardes ma tête ? lui demanda-t-il. Elle est bizarre, ma tête, non ? À l'intérieur, non ? Ils ont filmé dedans. Ils ont fait des espèces de bigoudis sur mon crâne, ils l'ont encéphalo je sais plus quoi, et sur les images ils ont vu que j'étais complètement cinglé. Les lignes, elles étaient pas droites. Ça faisait des zigzags, comme ça.

Aurélien continuait de rire, mais Jeannette prit un air grave.

— C'est interdit, lança-t-elle. On ne peut pas enfermer quelqu'un à l'asile sur la base d'un encéphalogramme.

— Elle est juge, ta crapaude ?

— Je suis infirmière. Je travaille à Sainte-Agathe : l'asile des femmes, et je peux t'affirmer qu'on ne désigne pas l'aliénation par ces procédés.

— Alors il faudra leur faire un procès, dis-je à mi-voix.

— Bien sûr qu'il faut leur faire un procès. Paul, vous devez nous raconter. J'adresserai moi-même un courrier au ministère de la Justice.

— Ils en ont rien à foutre.

— L'essentiel, c'est qu'ils sachent. Pour que ça s'arrête un jour. Raconte-nous ce que tu sais, Paul.

Il se tut, repoussa l'assiette et sortit au jardin pour donner des coups de pied au cerisier. Il revint le regard fou et resta figé dans l'embrasure de la porte.

— Ça ne s'arrêtera pas, dit-il enfin. L'odeur. Les gens qui ne se lavent plus, ils vomissent leurs médicaments. Tu connais ça, l'infirmière ? L'odeur des vieux. Ou peut-être que les vieilles elles sentent pas pareil ? Pourquoi on les mélange pas ? Ils pourraient rêver d'un truc. Tu sais pourquoi on lutte quand on a encore sa tête ? Pour pas avoir des tics nerveux. Si t'as des tics nerveux, t'es un singe et t'es foutu. On te laisse crever là.

Il se remit à rire en imitant le singe pour qu'Aurélien s'amuse avec lui.

Henry entra à cet instant, et Paul ne lui adressa pas un regard, il se mit à jouer avec son neveu, ils semblaient avoir le même âge. Mon ami les observa en même temps qu'il nous saluait.

— Il rit comme McLeod sur Elephant Island, dit-il.

— C'est qui, McLeod ? lança Paul.

— Un mec qui a connu l'enfer du froid et du vent.

— L'enfer ?

— Oui. Je repars en mer, m'expliqua Henry. Sur un bananier. C'est pour ça que je suis venu.

Je le dévisageai, avec quelque chose de moqueur.

— Et qu'est-ce que les militaires font sur un bananier ?

— À ton avis ? Ça sent la guerre, on réquisitionne, mon gars. Les hommes et les bateaux. Alors toi t'as une famille à protéger ici mais je me disais que Paul...

— Paul quoi ? cria-t-il avant de planter son regard sous le menton carré d'Henry. T'es en train de me dire que tu veux m'emmener sur ton petit bateau pour faire pan pan ?

Jeannette prit Aurélien dans ses bras, parce que le silence l'inquiétait.

Paul nous fixa l'un après l'autre, en se grattant le cuir, l'air pris au piège. Il finit par s'asseoir, sauça de l'index l'assiette de panade, avant de demander :

— Il part quand, ton putain de bateau ?

C'est ainsi qu'à peine revenu mon frère s'en alla dans les pas du marin, alors que la guerre devenait une évidence.

Je rendis quelques visites à Rose pour lui apporter des nouvelles, et elle se réjouit de savoir Paul hors des murs.

— Même si son voyage doit devenir une mission de guerre, disait-elle, ça ne peut lui faire que du bien, n'est-ce pas ?

— Et toi, sœur Rose, Sainte-Barbe, tu vas en faire ta tombe ?

— Non, je voudrais vivre autre chose. Avoir peut-être une maison et m'occuper de quelques œuvres, d'une enfant ou deux, pas plus, mais comme une mère, tu vois ?

— Je vois.

C'était la première décision de sa vie, et elle l'a tenue. Deux mois plus tard, elle vivait dans une grande demeure blanche où elle offrait une chambre à deux jeunes filles battues et rongées par la haine, prêtes à tuer frères et sœurs pour de l'argent. Elles sentaient l'alcool et l'étable. Aujourd'hui, elles vivent sous leur propre toit et sourient parfois, même en hiver.

Je ne sais pas comment Rose réussit cela. Elle parle de destin et de volonté divine par souci d'humilité.

Alors que je quittais son foyer, je croisai le père de Jeannette. Il me cherchait, le souffle court, et me dit d'une voix noire :

— À partir de maintenant, tu vas me suivre sans poser de questions.

Je choisis de lui faire confiance en gardant l'œil ouvert et, dès les premiers jours de l'Occupation, il m'envoya pondre des papiers sur la vie quotidienne, la débrouille. Cela rassurait Jeannette de me voir occupé loin des fusils. Elle-même continuait de servir les hôpitaux, hantée constamment par la crainte d'être appelée à suivre les pelotons pour panser les borgnes et les manchots sur le terrain.

Après deux ans de va-et-vient, d'articles vides, à consigner la misère naissante et les petits combats, gardant pour moi les notes que j'estimais profondes et humanistes, il m'expédia dans les bois de Namur pour parler des cueilleurs de fruits, raconter comment les gens tentaient de garnir les pains de ravitaillement. À ma façon de le dévisager, il comprit que j'étais sur le point de lui offrir une poignée de pruneaux en cadeau d'adieu, avec une copie de mes notes engagées. Et parce que cet homme savait lire dans les pensées, il me glissa au creux de l'oreille :

— Dans le bois, tu diras : « Je vais ramener quelques mûres pour une petite famille. » Et tu suivras celui qui se présentera sous le nom d'Armand.

La semaine suivante, en dépit d'une indigestion de fruits rouges, je me retrouvai prenant des notes dans un bar de Namur pour un journal clandestin. Un groupe important de la résistance venait d'être mis en pièces par la contre-résistance allemande, et l'occupant intensifiait le contrôle des journaux officiels pour lesquels je proposais des pages de divertissement, question de distraire les suspicieux.

Après plusieurs échanges d'informations relayées par un sous-chef de gare, je retournai à Namur pour rendre compte des affichages antihitlériens qui se multipliaient dans les rues et faisaient l'objet d'une menace.

Pierre Dahousse me rejoignit là-bas au début de juin 1944.

— Il y a danger, ici, dit-il en m'offrant du tabac. Les Allemands ne seront pas longs à bombarder. En attendant que ça se calme, on va dormir sur les hauteurs, un ami nous logera dans le village de Naninne.

On partit à pied sous le soleil par quelques chemins libres ourlés de haies qui nous cachaient du ciel. On croisa une petite route menant au village entre les champs de blé, et pendant que l'on cueillait du grain encore vert pour le mâcher, je surpris un visage d'enfant, un petit garçon qui semblait s'éveiller entre les épis. Terrifié, il s'enfuit par la route où il se figea subitement. Pierre empoigna le col de ma chemise et me jeta entre les blés. Un camion allemand s'arrêta au milieu de la chaussée. Deux soldats en sortirent et pointèrent leurs fusils vers le gosse.

Ils le gardèrent en joue plusieurs secondes, échangeant des commentaires moqueurs, savourant leur pouvoir, distraction d'assassins, et moi je retrouvais, me clouant le cœur et la gorge, cette haine qui m'avait mis en larmes à son âge. En même temps, je me sentais coupable d'être passé là au pire instant. S'ils avaient tiré, je n'aurais pas eu la force de me relever, je crois, j'aurais perdu mon peu de foi en toute chose. Mais au lieu de cela ils finirent par baisser leurs armes en riant comme pour la première fois de leur vie ou de la guerre. Ils s'approchèrent de l'enfant, l'un d'eux lui caressa les cheveux en parlant bas d'une voix qui me rassurait aussi, et l'autre alla chercher dans le camion de quoi le nourrir pour trois jours.

Ils ne riaient plus, ajoutaient au pain et aux charcuteries des gestes doux, je dirais peut-être de la tendresse si j'avais compris leurs paroles. Enfin, l'ayant repoussé du bout des doigts vers le bord de la route, ils s'en allèrent.

L'enfant se tourna vers nous. Ses mains seules tremblaient. Il soutenait notre regard, qu'il semblait craindre autant que les fusils, mais il nous faisait face, prêt à lutter pour sa vie de fétu, sa petite vie de rien. Je compris que son quotidien devait tenir d'une guerre aussi, et je lui dis :

— Nous allons en lieu sûr. Suis-nous.

Il refusa de nous laisser porter ses victuailles, mais il nous suivit à deux pas.

Armand nous reçut dans sa bâtisse bourrue, au dos de la gare du village. Il ne me sembla pas taillé pour la résistance. Tout tremblait en lui, les lunettes lui en tombaient du nez, il bégayait aussi des mains, qui prenaient un verre, le déposaient, le reprenaient pour le remplir d'eau, le repoussaient sans qu'il y boive.

L'enfant le terrorisait, à croire que l'innocence menaçait la lutte. Il lui sourit avant de nous interroger du regard sur la folie qui nous prenait de balader un môme dans nos pattes.

Enfin il l'installa au bout de la longue table de chêne et l'observa de loin.

— Mais d'où il vient ? demanda-t-il à Pierre.

— Demande-lui, j'en sais rien.

Il vida son verre d'eau, nous en proposa, s'excusant de ne plus avoir de vin.

— La maison est vide, expliqua-t-il. Toutes les maisons le sont. Ils ont même décroché les deux cloches de l'église pour les refondre.

— Tu viens d'où ? je demandai. Et comment tu t'appelles ?

— Jules.

— Jules, ah bon. J'ai connu un Jules. Non, je ne l'ai pas vraiment connu. Il était capitaine, sur un bateau. Tu viens d'où ?

— De Hogne.

— De quoi ?

— C'est un village, précisa Armand. Mais c'est loin. S'il a marché jusqu'ici, ses pieds doivent être en sang.

— Tu as marché ? demanda Pierre.

— Ben oui.

— Tu habites là-bas ?

— Non. On était en petites vacances dans le château, parce qu'à Ciney il y avait trop de bombes.

— Tu habites à Ciney ?

— Ben oui. À l'institut.

— Au-dessus des forges ?

— Ben oui.

Armand ricana.

— Pourquoi il répond toujours : « Ben oui » ? C'est agaçant.

Là, il dut s'apercevoir que mon visage avait changé de forme. Pendant quelques secondes, il chercha des choses dans mes yeux, ancrés dans ceux du petit Jules.

Pierre reconnut mon silence.

— Tu es parti pourquoi ? relança-t-il.

— Tout le monde, il criait maman, maman, pendant que ça tombait, les bombes, alors j'ai eu envie de la revoir.

— Ben oui, dit Armand, avant de glousser et de resservir de l'eau.

Pierre se détourna de l'enfant. Redoutant ma réaction, il me dévisageait. Dans la seconde même où Jules avait cité l'institut, ma décision était prise de ne plus le quitter d'un pas. Mais la clochette de la porte d'entrée retentit, glaçant le silence. Armand bondit de sa chaise, écarta les pans coulissants d'un vaisselier, et nous poussa dans la remise que le meuble camouflait.

— Entrez là-dedans ! cria-t-il.

On passa trois minutes dans cette pièce noire qui sentait le chou, à tendre l'oreille, le souffle coupé. Une voix forte nous parvenait sans que nous puissions percevoir un mot. Pourtant Jules tressaillit.

— C'est l'aumônier, dit-il. C'est mon ami.

Il fit rouler ses poings sur la porte en hurlant, et dès qu'Armand eut ouvert, l'enfant se rua dans les bras du capucin, un grand maigre à barbe rousse, flottant dans sa robe de bure.

Rassuré, Jules devint bavard.

— C'est lui qui nous défend, dit-il. Même qu'un jour, il a coupé un rat qui mordait la fesse d'un copain, même qu'il était remonté par les toilettes, le rat.

On laissa l'enfant raconter morsures de rat et piqûres de poux, puis je demandai au capucin comment il avait retrouvé sa trace.

— J'ai fait la route à vélo. Jules m'avait dit qu'il voulait retrouver sa maman à Namur. En chemin, des passants montraient l'horizon du doigt avant que je demande. Tu n'as pas été très discret, mon petit. Et tu as eu beaucoup de chance. Il faut rentrer à présent.

— Pas à Ciney.

— Au château pour l'instant. De toute façon, je ne doute pas que ta maman viendra te chercher dès que la guerre sera finie, et il semble que ce jour soit proche.

— Et si elle ne vient pas, je viendrai, moi.

L'enfant me lança un regard sauvage et se serra contre la robe de l'aumônier, qui me promit de veiller sur lui. Après avoir étudié mon visage, il me dit :

— Vous avez perdu un enfant ?

Et ne comprenant pas sa question, je répondis oui, puis non, pas exactement. Lui sembla comprendre ma réponse.

Paul est revenu seul de la guerre, à pas de soldat. Ses épaules prenaient toute la place quand il se taisait. Il avait mangé des tempêtes et du soleil, de la corde et du plomb, entre Rabat et Madagascar, les îles Moucha et le Yémen.

— Mais tu faisais quoi ?

— On transportait des trucs et des gens, des armes, parfois des caisses de je ne sais pas quoi pour l'armée. Avec des bananes dessus.

Il me raconta qu'ils s'étaient détournés de la guerre une seule fois, parce que la famine tuait à Djibouti, alors le mot d'ordre, c'était nourrir, truffer le bateau de vivres et tout déverser dans le port.

— Il est où, Henry ?

— Au Canada.

— Il s'est décidé.

— Je ne sais rien de plus, il est parti comme ça. Il a dit *bye bye* à tout le monde, et il est retourné là-bas.

— Ah bon, je suppose qu'il m'enverra des nouvelles.

— Pas sûr. « Je tourne la page », il a dit.

— Il n'a rien laissé pour moi ? Un message ?

Paul a haussé les épaules en se détournant. Le voyage semblait avoir enterré toute sa vie d'avant guerre, et planté des certitudes. Il se mit à me regarder sans gentillesse et m'appela le gratte-papier, sauf que j'allais partir à mon tour au Canada. Je ne le lui dis pas mais je m'informai aussitôt. Le métier me permettait d'envisager des évasions, et j'avais trop attendu. Dès que j'aurais sorti le petit Jules de Ciney, je prendrais le large.

Le soir même, j'en parlai à Jeannette qui m'interdit de m'en aller, parce que. Alors je me rendis chez Paul. Il vivait dans une petite coque de brique et travaillait sur un chantier naval. À sa table, je trouvai une femme ronde qui se présenta sous le nom de Thérèse.

— La Thérèse des chanteries ? lui dis-je. Celle qui…

Elle m'observa, bouche tombante, ajusta sa robe qui couvrait mal les outres veinées de rose où je rêvai un instant de me reposer de tout.

— Je vous sers quelque chose ? lança-t-elle sans me répondre.

— Ma foi.

— Une petite bière ?

— Vite fait.

— Paul arrive.

Elle me servit langoureusement, bavant à mon oreille quelques mots de bienvenue.

— Paul m'a beaucoup parlé de vous.

Il entra sur ces mots en grondant, une bêche à la main, et sembla contrarié de me trouver chez lui.

— T'as un truc à me dire ? fit-il en s'éclipsant dans la cour.

— Il est pas de bonne humeur, m'expliqua Thérèse. On lui cherche des misères dans le quartier. Il a pas sa langue dans sa poche, le cochon. Pourquoi vous ne buvez pas ? Moi je me ressers, ça vous dérange ?

— Ben non.

— Mon Polo, ramène deux bières !

— Oui, ma chatte.

Il fit claquer sur la table grasse deux bouteilles décapsulées, puis s'installa en me réinterrogeant du regard.

— C'est à propos d'Henry.

— Encore !

— Je vais aller le voir au Canada. Alors je voudrais que tu m'en dises plus. Vous avez dû causer en chemin, non ? Il a dû te parler de sa ville.

— Ben oui, forcément. Baie-Saint-Paul, ça s'appelle. Ça le faisait marrer.

— Il ne me l'avait jamais dit.

Je vis que Paul me soupçonnait de jalousie, mais il se tut et fit mine d'étudier l'étiquette de sa bouteille en répétant :

— Baie-Saint-Paul, ouais.

— Je vais prendre un bateau.

— La guerre est à peine finie, et tu laisses déjà ta femme et ton gosse. À leur place…

— Je sais.

— N'y va pas.

Cette phrase-là, il me la servit comme pour toujours. C'était un ordre, le seul peut-être qu'il se permettrait de me donner, avec la voix bien mise, le regard cloué, le poing ferme. Je regardai les seins de Thérèse, puis la fenêtre, avec une moue de sale gosse qui fera ce qu'il veut, et je soupirai, les épaules basses.

— Je vais rentrer, maintenant. Faut que je me renseigne.

Il étendit le bras sur la table devant Thérèse.

— Laisse-nous deux secondes, lança-t-il sans me quitter des yeux. Va !

— Oh, pfffh !

Elle jeta un manteau trop blanc sur ses épaules, s'en alla en claquant la porte, et Paul continua de me regarder.

— Il est pas retourné là-bas, dit-il enfin.

— Alors il est où ?

— Alors il est mort. Je suis désolé, mon frère.

— Mort de quoi ? demandai-je pour perdre du temps avant de le croire.

— Noyé, coincé dans un cordage.

Là, je vidai ma bouteille et tentai de respirer lentement, de ne pas laisser trembler mes paupières.

— Pourquoi tu ne me l'as pas dit ?

— Je te l'ai dit.

Presque pour lui-même, d'une voix à peine audible, il ajouta :

— T'es trop fragile comme mec. Je pensais que tu te contenterais de rêver, t'as jamais rien fait d'autre. Journaleux, ça te va bien. T'épluches la vie des gens. T'as pas vécu le tiers du quart de ce que j'ai connu, et tu vis derrière ton stylo qu'on dirait un gosse qui tremble derrière un arbre à cause d'un renard. Il parlait que de toi, Henry, quand c'est qu'il parlait. Il disait : « le petit loup ». Trois ans sur le même rafiot, et je te connais par cœur. Il me causait de toi, puis c'était : « Bon, debout, vaurien, y a du boulot sur le pont ! » Ça fait que le jour où il a bu sa dernière tasse d'eau de mer, je pensais plus qu'à un truc : « Comment je vais lui dire ? » Alors j'ai pensé : « Ben je lui dirai pas. » Tu serais vraiment parti là-bas ?

Je me contentai de hocher la tête, puis de bafouiller :

— J'en sais rien, Paul.

— T'es pas fâché que je t'aie dit tout ça ?

— Tout quoi ?

— Journaleux, ce genre de truc. En même temps, c'est bien. Non ?

— C'est bien. Il est mort où ?

— Près des côtes djiboutiennes. La mer était chaude. Enfin, on s'en fout que la mer était chaude. Hein ?

— Non. C'est bien.

Je suis parti de chez lui, et j'ai dit à Jeannette ce soir-là :

— Mon ange, j'ai besoin de toi.

Elle m'a regardé en souriant.

— Besoin de moi pour ?

— Pour rien.

Alors elle s'est tournée vers Aurélien qui refusait d'aller se coucher.

— Laisse, je disais. Laisse.

Elle m'a donc expliqué que je devais être plus autoritaire, et cette idée suffisait à ouvrir des gouffres.

Le monde voulait fêter. À Bruxelles se joua un faux enterrement d'Hitler. Plus que jamais il fallait annoncer de bonnes nouvelles. À lire certains journaux, tout guérissait de tout dans la liesse et la vengeance. D'ailleurs je fus seul à me fâcher contre un quotidien qui invitait en grand titre à faire payer aux collabos le mal qu'ils avaient fait. Parfois des clameurs montaient d'un coin de rue, et l'on voyait une femme traînée par les pieds puis ficelée à une chaise avant d'être tondue sous les cris de haine. Si quelqu'un s'interposait, il était accusé et subissait le même sort. D'autres étaient salués bas, le voisinage s'inclinait devant Angèle et Gustave, qui avaient caché trois enfants juifs.

— Vous avez caché des enfants ?

— Oui, me dit-elle. Quoi ? On a toujours aimé les enfants, tu sais ?

Je pense que je croyais encore à un miracle d'après-guerre, car j'attendis janvier pour me rendre à Ciney. C'était un jour de grand froid, on ne percevait dehors que des crissements, un bruit d'os entre les arbres, tout ce qui vivait retenait son souffle.

À Ciney, le pion sembla me reconnaître. À ma façon de lui dire que je venais chercher Jules, sans doute. Il plissa le front pour réfléchir, un front court, couleur de pierre.

— Jules, dit-il en changeant de grimace. Vous arrivez trop tard, il s'est sauvé ce matin.

— Encore ?

— Comme vous dites. Et je lui souhaite de crever de froid, ça lui fera moins mal que ce qu'il recevra si on le retrouve.

— Je vais attendre ici.

— Ouais, dehors. Ici, c'est privé.

J'ai passé une heure à grelotter devant le porche, à faire les cent pas, le regard sur la route. J'avais bien trop froid pour penser, mais je me voyais enfant sous un autre porche, au passage de Félix. Et ce qui me tenait debout dans cette neige, c'était ce souvenir, le souvenir de l'envie poignante d'être attendu.

Ainsi je le vis revenir, tenu par la gorge. Il me reconnut également et voulut crier, les bras de Moulin l'étouffaient. Je me précipitai pour le secourir, les doigts transis, les jambes vides, et le pion avait une force de buffle. Je me retrouvai le menton dans la neige et, pendant que la lourde porte se refermait, je criai :

— Je reviendrai te chercher ! Je m'appelle Louis. Louis Daubée ! Tu t'en souviendras ?

En salivant de haine, sans comprendre pourquoi je

lui donnais mon nom. Je criai encore longtemps après que la porte se fut refermée.

— Y aura toujours quelqu'un ! Toujours ! On te pendra, Moulin ! Je paierai la corde, je le jure ! Entre quatre murs, et pour toi y aura plus personne, je te jure qu'on te pendra, ordure ! Pour les autres ! Et mon petit frère, il t'épluchera, tiens, comme il dit. Et je l'aiderai, salaud ! Tu m'entends ?

Je passai huit ans sans nouvelles de Jules. Huit ans à chercher une façon juste d'être époux et père, à multiplier les articles et les interviews d'hommes en colère pour des broutilles. Je regardais grandir Aurélien, j'enviais son âge et sa gourmandise, le rouge de ses joues. Les promenades qu'on lui offrait me donnaient chaque fois envie de courir en hurlant.

Mais ce prénom, Jules, il traçait une croix sur les sentiers et sur les murs. Il me retrouva grâce au journal, où apparaissaient mon nom et ma photo à gauche d'un article sur l'école buissonnière.

Je le reçus chez moi, le fis asseoir en prenant de ses nouvelles. On lui offrit un repas qu'il laissa devant lui comme un trop grand cadeau. Il se mit à raconter avec l'air de ne pas croire ses propres mots, les yeux vastes, la voix étonnamment douce.

D'abord il évoqua ce jour de glace où j'avais tenté en vain de l'arracher aux bras du pion. Après s'être enfui ce matin-là, il avait trouvé refuge chez un prêtre qui l'avait caché en promettant le secret, et qui, trahissant quand même, était parti pour crier sa honte au vent froid. « J'ai trahi ! Je suis un salaud ! À bas la calotte ! »

Moulin emmenait déjà l'enfant, en menaçant de l'abattre comme un chien s'il bougeait. Une fois rentré, il fut massacré par ses compagnons, que les éducateurs avaient habilement soulevés contre lui, puisqu'il n'est rien de pire, dans ces enfers, que d'être privé d'amitié. Couvert de sang, défiguré, il s'était promis de repartir mais n'en trouva plus l'occasion. Transféré à Saint-Hubert, il fut accueilli là aussi par un jeu de torture. Frappé avec une règle, soulevé de terre plusieurs fois par les oreilles, puis fiché sur un tabouret dans la posture de Napoléon pendant que les autres gamins le couvraient de jurons et de crachats.

Et lorsqu'il souffrit de rhumatismes, c'est encore à coups de règle qu'un infirmier choisit de le guérir.

Parfois, c'était tout un dortoir de gosses que les pions passaient à la barre de fer avant de les rejeter à la nuit, au silence, évanouis de douleur ou le nez brisé, ou regardant muets une dent rouge tombée dans leur paume. Et quand un nouveau arrivait, on le livrait aux grands, qui devaient le rouer de coups pour lui apprendre à ressentir les effets de la désobéissance. En prévention.

Jules parla longtemps de toutes les tortures subies, de cet enfant de quatre ans qu'il avait vu mourir de solitude, cerné par les rats, couvert de parasites. Jeannette pleurait sans bruit, une main sur la bouche.

— Voilà, dit-il enfin. Est-ce que vous voudrez bien en parler ?

Sans attendre que je lui réponde, il mangea lentement

les légumes refroidis. Lorsqu'il eut terminé, je lui proposai d'écrire tout cela lui-même.

— Oui, j'ai commencé, répondit-il. Mais j'y arrive pas très bien.

— Un jour…

— D'accord.

Il nous quitta juste ensuite, en nous remerciant dix fois avec la même ardeur, une grande peur aussi.

En cet automne de 1953, je ne fus pas le seul à parler de Saint-Hubert. Mais le scandale fit un tour de foire parmi la foule, rien de mieux. « Tu as entendu, à Saint-Hubert ? Oui, c'est affreux, que veux-tu ? »

Pourtant quelque chose changea, dans les textes de loi, la surveillance et l'inspection des lieux d'enfermement. Trente-cinq ans et deux guerres après mon entrée au Vertbois, où j'avais cru connaître le pire, on ouvrait un procès pour torture d'enfants. Il me semble que je ne rêve plus. Je demande que la lutte et les mots aient le pouvoir d'éroder la barbarie. C'est autre chose que du rêve.

Je protège mon fils, et d'autres me protègent. La bienveillance de mon frère, la force de Rose, tout cela m'a gardé debout. Mais les mots de Jules ont éteint quelque chose dans ma tête, peut-être ma propre enfance, que je m'obstinais à croire utile.

Épilogue

J'ai peint sans pochoir *Atlas VI* en lettres bleues, puis je me suis assis sur l'herbe de la rive.

Depuis la première éternité de ma vie, dans la cour de l'orphelinat, j'ai attendu ce jour de soleil.

La figure de proue est une sirène mélancolique trouvée aux Puces.

Je voulais l'appeler *Elephant Island*, le bateau, mais c'est le nom d'un enfer, le seul que j'aurais échangé contre quelques-uns de mes paradis, mais un enfer tout de même.

J'ai dit à Aurélien :

— Mon fils, dès que la peinture sera sèche, je naviguerai jusqu'à Eijsden, je ferai le chemin de l'*Atlas V* en imaginant les câbles tendus, les pièges, les tirs allemands, et je dirai : « Pas assez bien, les amis ! »

— Je doute que cette barque à deux places dix fois rafistolée te porte jusqu'aux Pays-Bas.

Voilà ce qu'il m'a répondu. Alors j'ai pointé l'index vers lui en criant d'une voix que César m'aurait enviée :

— Que sais-tu de ce qui porte un homme ?

Il n'a rien répliqué, ce qui est plus méchant que tout. Son regard jugeait mes soixante-sept ans. On croit que c'est vieux parce qu'il y a des gens qui meurent à cet âge-là, mais vieux, c'est bien plus tard. Tant qu'on a la force de ramer…

— Je ramerai jusqu'à l'embouchure puis je me laisserai glisser sur le courant.

— Et comment tu rentreras ?

— En train. Et toi, tu viendras charger la barque avec ta camionnette, qu'elle serve à quelque chose.

— Pourquoi tu ne crées pas un événement ? Je sais pas, tu étais journaliste, non ? Tu pourrais imaginer, pour les soixante ans de l'exploit, qu'un remorqueur fasse le trajet avec une fanfare et des guirlandes. Non ?

— Une fanfare et des guirlandes !

— Tu vas prendre froid dans l'herbe, il a ajouté. Elle est mouillée, encore.

— Je suis invincible.

Je l'ai laissé méditer sur mes délires de vieillard, et il a fini par s'asseoir à côté de moi, cherchant à lire les tourments de mon passé dans mes yeux, seulement dès qu'un souvenir se pointe, je l'écrase comme un mégot, je ne laisse ma mémoire parler que pendant mes heures d'écriture.

— Je vais ramer, a promis Aurélien. Toi tu seras le vieux capitaine, et moi je vais ramer. Mais ce ne sera pas sec avant ce soir.

— Tu crois ?

— Évidemment. Alors on peut rentrer et prendre un café.

— Il y a une mouche collée sur le L. Tu l'enlèves ?

J'en suis là, chez mon fils, au bord de la rivière, mon fils qui veut ramer pour moi. Il porte des foulards trop chers, des souliers qui brillent dans le noir, et il a oublié d'emporter des bottes en caoutchouc pour monter dans la barque. Il ramera en souliers vernis.

Il m'a suivi. Toujours. Comme on accompagne un chien à trois pattes, je ne sais quoi, je lui demanderai un jour. Il m'a suivi.

Il a lui-même deux filles belles comme Jeannette, et qui sautillent, qui ont bien appris que j'étais fou, et qui me disent bonjour avec un rire tendre qui me caresse les joues.

Jules écrit son livre comme j'écris le mien. Mais je crois qu'il l'écrit en pleurant, et je crois qu'il faut pleurer d'abord, écrire ensuite. Écrire parce que la nostalgie a ses limites, écrire parce que l'esprit humain grandit, et qu'il est parfois l'heure de consigner ses actes.

Là, je vais poser le point final, celui qui sert à s'arrêter à temps.

Il existe encore des bagnes pour enfants, ailleurs qu'en France. Il existe encore des orphelinats où les mômes sont humiliés. Il existe des femmes et des hommes qui condamneront cela et abattront des murs. Mais j'ai déposé mes valises, pour vivre quelques années.

Je vais mettre à flot l'*Atlas VI* et descendre la rivière en regardant ramer mon fils.

On demande des volontaires pour un voyage dangereux. Faible rémunération, froid glacial, longs mois d'obscurité totale, danger permanent. Retour sain et sauf non assuré. Honneur et prestige en cas de succès.

Voilà ce que je lui ai dit pour qu'il m'aide. Et lui, il a oublié ses bottes.

Éditions Belfond
12, avenue d'Italie
75013 Paris

Canada :
Interforum Canada, Inc.
1055, bd René-Lévesque-Est
Bureau 1100
Montréal, Québec, H2L 4S5

ISBN : 978-2-7144-5961-9

FSC
www.fsc.org
MIXTE
Papier issu de sources responsables
FSC® C003309

Composé par Nord Compo Multimédia
7, rue de Fives, 59650 Villeneuve-d'Ascq

Imprimé en France
par JOUVE, 1, rue Docteur Sauvé, 53100 MAYENNE
en janvier 2016

Numéro d'impression : 2311726J
Dépôt légal : février 2016